제주로 떠나고 싶은,

(                              )에게

바다 건너 제주의 말이 불어옵니다.

**“간세다리추룩 놀멍 쉬멍 가도 되주게.”**

세상 느긋한 사람처럼 놀면서 쉬면서 가도 괜찮지.

**“재기재기 다울리지 맙서.”**

빨리빨리 재촉하지 마세요.

**“잘도 아깝다!”**

정말 예쁘네!

**“하영, 하영 웃게마씀.”**

많이, 많이 웃자고요.

"맨도롱 ᄄᆞ뜻ᄒᆞ난 막 좋수다."

따스해서 정말 좋네요.

"오고셍이 잘 지켜져시민 좋쿠다."

고스란히 잘 지켜졌으면 좋겠어요.

"폭삭 속앗수다."

정말 수고 많았어요.

놀멍 쉬멍 제주의 말을 씁니다.

제주의 마음을 닮아갑니다.

# 미리 말씀드려요

☞ **제주의 말 표기**

본문에 등장한 제주어 문장들은 전부 '제주어 표기법'(제주방언연구회)을 따랐습니다.

☞ **제주의 말 뜻풀이**

본문의 갈색 글자는 제주어에 대한 표준어 해석입니다.

제주어의 의미는 아래의 사전들을 참고하였습니다.

제주특별자치도,『개정·증보 제주어사전』, 제주특별자치도(2009)

강영봉,『표준어로 찾아보는 제주어 사전』, 각(2014)

☞ **제주의 말 발음**

제주어에는 아래아 'ㆍ'가 포함된 단어들이 많습니다. 그 발음은 [ㅗ]와 [ㅏ] 사이의 발음과 유사한데요. 먼저 'ㅗ'를 발음할 때처럼 입술을 둥글게 모아보세요. 그리고 'ㅏ'를 발음할 때처럼 소리를 혀 뒤쪽 깊은 곳에서 내보는 거예요. 아래아는 세종대왕이 둥근 하늘의 모습을 담아 만들었다고 합니다. 그러니까 **입술은 둥글게!** 제주의 거친 바람을 뚫고 멀리 가도록, **소리는 깊게!** 내주세요.

## 책, 이렇게 읽어보세요

**☞ 제주로 떠나고 싶을 때**

30가지 제주의 말과, 말 속에 담긴 제주의 마음을 읽어주세요. 하루에 하나씩, 제주에서 한 달을 보내는 마음으로 읽어보는 것도 재밌을 거예요. 물론 처음부터 순서대로 읽지 않아도 됩니다. 그날그날 마음이 가는 말이 무엇인지 살펴보는 것도 좋아요. 꼭 제주로 떠나지 않아도 지금 여기가 제주인 것처럼 느껴질 거예요.

**☞ 놀멍 쉬멍 쓰는 책**

글과 그림을 감상하고 나면 등장하는 질문을 확인한 다음 나만의 답으로 채워나갑니다. 기록의 시간들이 쌓여가며 어느새 세상에 단 한 권뿐인 책이 될 거예요.

**☞ 제주를 담은 그림**

때론 글을 다 읽기 힘든 날도 있죠. 그럴 땐 그림만 봐도 좋아요. 보기만 해도 제주를 한눈에 느낄 수 있는 30가지 제주의 그림을 준비했어요.

**☞ 나를 위한 제주의 말**

제주의 말을 읽어보았다면 소리 내 발음해보는 건 어떨까요. 나의 마음에 필요한 말을 주문처럼 간직해보는 거예요.

# 들어가는 말

하루하루가 오래 지속되는 날씨 같을 때가 있어요. 아주 나쁘지도 썩 좋지도 않은, 평범하지만 그 반복을 견디기 점차 힘겨워지는, 그런 날씨요. 그럴 때면 우리는 여행을 꿈꿉니다. 변하지 않는 일상을 뒤로한 채 이곳의 날씨를 잊을 만큼 먼 곳으로요. 기왕이면 바다를 가로질러야 닿을 수 있는 곳. **어쩌면 그곳이 '제주'일 수도 있겠네요.**

파도에 부드럽게 닳은 돌과 잘게 부서진 조개, 검은 모래로 뒤덮인 바닷가, 그 옛날의 작은 광장과 깊은 숲속 입 벌린 동굴…. 이 모든 곳을 잇는 제주의 길을 따라 걸어봅니다. 그 길에서 만난 특별하고 대단한 이야기에 귀기울이기도 하고요. 하지만 정말 나의 시선을 끌고 발길을 멈춰 세우는 건, 특별하고 대단한 것들보다도 소소하더라도 내 마음이 가는 것들이 아닐까 해요.

그렇다면, 나의 마음이 찰나의 아름다움을 놓치지 않는다면, **꼭 어딘가로 떠나지 않아도 일상에서 제주의 시간을 누릴 수도 있지 않을까요.** 땀에 젖은 목덜미를 훑고 가는 시원한 바람이라든가 두터운 구름 틈새로 돌연 쏟아지는 햇살 같은 사소하여 놓치기 쉬운 기쁨을 지금 여기에서도 눈여겨볼 수 있다면 말이에요. 그 길로 가는 여정에 다정한 동반자가 되길 바라며 이 책을 썼습니다.

**짧은 제주의 말로 매 꼭지를 열었습니다.** 그중에는 지금도 제주에 가면 자주 쓰이는 말도 있고, 한때는 평범한 일상어였으나 점차 잊혀가는 말들도 섞여 있어요. 그래서일까요. 제주의 말, 제주어는 토종 씨앗 같다는 생각도 해봅니다. 토종 씨앗 속에는 저마다의 경험 혹은 생태가 들어 있을뿐더러, 섬의 역사와 문화까지 담겨 있거든요. 소수 어르신들의 되물림으로 수십 년에서 백 년 가까이 지켜내 간신히 살아남았으나 멸종 위기에 처해 있다는 현실도 비슷한 것 같아요. 보존과 활용이 까다롭지만, 맛과 쓰임의 다양성이 높다는 것도요.

다채로운 빛을 담은 작고 단단한 씨앗들을 보면 동글동글한 생김새마저도 제주의 말과 닮은 듯해요. '과랑과랑', '와랑와랑', '사노롱', '베롱베롱', '느영 나영', '왕빵 강'…. 입안에서 통통 구르는 말들, 목소리를 절로 높이게 하는 거친 바람결에도 여운을 남기며 부드럽게 울려 퍼지는 말들.

**책에는 투박하지만 귀여운, 씨앗 같은 30가지 제주의 말들이 봄, 여름, 가을, 겨울 계절 따라 펼쳐집니다.** 어떤 제주어는 '제주' 하면 떠올릴 친근한 풍경을 펼쳐놓을 수도 있고, 어떤 제주어는 잊고 있던 소중한 기억 속 장면으로 이끌 수도 있겠네요.

# 제주의 말

입주를 환영합니다!

마을소식지
2023-6

Room No. 208

제주에서 나고 자란

언니 공유영이 글을 쓰고, 동생 공인영이 그림을 그렸어요~

안녕하세요, 연남동에서 책을 만들고 있는 '자기만의 방'입니다. 이 책을 선택하신 여러분은 이제 자기만의 방 주민님이 되셨습니다. 혼저옵서예~!

「제주의 말」은, HORSE 아님! LANGUAGE임!!

바쁘고 지친 우리에게 찾아온 바다 건너 제주의 말 30가지를 담아낸 책이랍니다. 그러니 문득 어디론가 떠나고 싶을 때, 지금 어디로 가고 있는지 모르겠을 때, 이 책을 펼쳐주세요. 펼치는 즉시 제주가 말을 걸어올 거예요. 놀멍 쉬멍 놀면서 쉬면서 가도 된다고, 폭삭 속았수다 정말 고생했어요 라고, 스스로의 목소리를 솜솜헹 조용히 들어보자고 말이에요.

자방주인 여러분, 안녕하세요!
공자매 중 큰언니이자 글쓴이, 공유영입니다.
기도하는 마음으로 돌탑 쌓아올리듯, 하루 위에
또 다른 하루를 조심스레 얹어보는 나날입니다.
마음을 돌보려는 소소한 애씀이 하루를 지키고,
일상의 무탈한 반복을, 결과적으로 삶을
지켜주는 것 같아요. 고백하자면, 제주의 말들을
모아 한편 한편 글을 쓰는 일이 제 마음과
매일의 일상을 아주 오래도록 지켜주었답니다.
부디 이 책이 여러분에게도 그런 시간을
선사할 수 있길 바랍니다.
이 씨앗 같은 제주의 말들이 새로운 토양에
뿌리내릴 수 있도록 오래, 깊이 고심하시고
어여쁘게 담아주신 령님, 현님께 진심으로
감사드려요 ♡

오늘 제 마음에 불어온
[제주의 말]은 바로
이것입니다.

[엉금엉금 거북이도~]

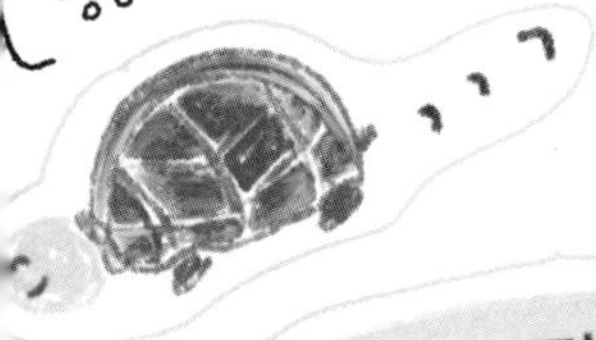

[느릿느릿 달팽이도~]

"재기재기 다울리지 맙서!"

빨리 빨리 재촉하지 마세요!

사실 저는 참 느린 사람입니다. 행동도 굼뜨고 생각도 많고...

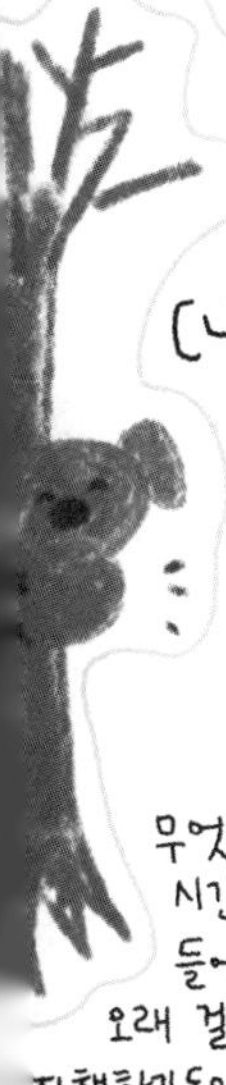

[나무에 착! 코알라도~]

[700년 만에 피어난 연꽃 아라홍련도]

모두 제 속도니까!!

무엇보다 마음을 쏟을 땐 훨씬 시간이 오래 걸리는 편입니다. 처음 자방에 들어왔을 땐 사은품 포장 하나도 얼마나 오래 걸리던지요. 허헛;; 한때는 그런 저를 자책하기도 많이 했지만 『제주의 말』을 읽고 깨달았습니다. 누구나 각자 자기만의 속도가 있다는 것을요. 그래서 요즘은 그런 저를 스스로 인정하고 아꼽게 봐주고 있습니다. 천천히 피어나는 꽃을 보세요, 뭔가 응원해주고 싶지 않나요? ^^

에디터 령

## '자기만의 방 마을'은 가상의 작은 마을입니다. :)

자방의 책을 선택한 여러분은 이 마을의 주민이 되었습니다.
마을에는 일곱 채의 주요 건물이 있습니다.
각 건물은 우리의 일상에 어떤 역할을 하느냐에 따라 나뉘는데요.

**1관 생활관** 나를 돌보는 라이프스타일을 제안합니다.
**2관 여행관** 오늘이 행복해지는 여행을 소개해요.
**3관 취미예술관** 아티스트처럼 즐길 수 있는 취미예술을 찾아봐요.
**4관 심신수련관** 몸과 마음을 돌보는 방법을 배웁니다.
**5관 문학관** 삶의 태도를 제안합니다.
**6관 교양관** 나의 성장을 돕는 지식과 지혜를 담습니다.
**7관 일관** 현명하게 일하고 균형 있게 살아가는 방법을 찾습니다.

이런 가상의 마을을 만든 이유는 아주 심플합니다.
비슷한 고민을 하고, 비슷한 것을 좋아하고 즐기고,
지향하는 삶의 태도가 같은 방향인 사람들을 위한 책.
그런 책을 통해 소통하고 싶었습니다.

주민 여러분!
우리 '출판사와 독자'라는 사이를 넘어
서로 호감을 갖고 믿을 수 있는, 의지하기도 하고 응원해주는,
상대가 좋아하는 일을 기꺼이 돕는 그런 사이가 되었으면 좋겠습니다.

앞으로도 친하게 지내요. 입주를 축하합니다. : )

**제주의 말로 떠나는 우리의 여행이 풍성한 기록으로 이어지게 도와주는 작은 제안들도 함께 담았습니다.** 오늘을 붙잡는 기록으로 하루치 고단함을 덜어내고 내일을 살아갈 힘을 얻길, 그렇게 한 권의 책이 언제고 되돌아올 수 있는 마음의 보고가 될 수 있다면 참 좋겠습니다.

봄에 시작한 마음의 여정이 겨울에 도달하면 이 낯선 말들이 조금은 친근하게 느껴질까요. 의미를 알 수 없는 '소리'였던 것들이 나에게 꼭 필요한 '말'로 자리잡게 될까요. 나를 향한 여정은 한 번으로 그치지 않겠지만, 이 책이 거듭되는 여정마다 당신의 손끝에서 낡아가길 바랍니다.

# 목차

## 봄, 날 쉬게 ᄒᆞ는 ᄆᆞ음

봄, 나를 쉬게 하는 마음

## 여름, 날 체와가는 ᄆᆞ음

여름, 나를 채워가는 마음

## ᄀᆞ슬, 나신디 불어오는 ᄆᆞ음

가을, 나에게 불어오는 마음

## 저슬, 날 지키는 ᄆᆞ음

겨울, 나를 지키는 마음

봄, 나를 쉬게 하는 마음

# ( 봄, 날 쉬게 ᄒᆞ는 ᄆᆞ음 )

# “고망이 바롱바롱”

구멍이 숭숭

제주에는 굽이굽이 검은 용이 꿈틀거리는 것 같다고 해서 흑룡만리黑龍萬里라 불리는 것이 있습니다. 바로 밧담밭담이에요. 밧담은 밭의 가장자리를 돌로 쌓은 담을 뜻하는데요. 계절마다 노란빛과 하얀빛이 물결치고 보랏빛과 푸른빛이 너울대는 제주의 밭을, 검은 현무암 돌담이 구불대며 에워싸고 있죠. 제주의 밧담들을 모두 잇는다면 만리장성보다 길다고 하네요. 별칭의 기세에 걸맞게 밧담의 위력도 대단합니다. 대충 쌓은 듯 보여도 강풍에 쉽사리 허물어지지 않거든요. 비결은 돌담에 '바롱바롱' 난 고망구멍에 있답니다. 돌담의 고망들은 어떤 세찬 바람도 한풀 꺾어놓지요. 제주어 '바롱바롱'은 '숭숭, 조금 큰 구멍이 많이 나 있는 모양'을 말합니다.

돌담만이 아니라 땅의 고망도 중요합니다. 제주에서는 땅의 고망을 '숨골'이라 부르는데요. 비가 많이 내리기로 손꼽히는 제주이지만 곳곳에 있는 숨골을 통해 빗물이 빠르게 지하로 스며들지요. 숲의 숨골은 빗물을 간직하여 푸르름을 유지하고, 겨울에는 따뜻하고 여름에는 서늘한 기운을 뿜어내어 다양한 식생의 식물들을 키워냅니다.

상처받지 않겠다고, 마음에 철벽을 두르고 싶은 순간이 있지요. 그럴 때면 차라리 바롱바롱 틈새를 내면 어떨까요. 사납게 틈입하는 바람은 누그러뜨리고, 감정의 범람은 막아주는 고망을 만드는 거예요. 적당한 세기와 온도의 바람은 우리의 마음을 더 깊이 여물게 하고, 또 때로는 마음에 숨을 틔워줄지 모릅니다.

**"ᄆᆞ음 담에 바롱바롱 고망 내보카마씀?"**

**마음 담에 숭숭 구멍을 내볼까요?**

숨구멍 내듯이, 제주 돌담처럼요.

마음을 환기하는 주문 같은 말 찾아보기, 나와 타인의 실수에 관대해지기, 사과는 빠르게 감사는 더 자주 하기, 좋아하는 작가의 전시회나 함성 가득한 콘서트 가기, 반려 식물과 시간 보내기…. 우리 마음에도 바롱바롱 고망 내는 방법을 고민해봐요. 사소하고 간단한 것도 좋습니다. 잠시라도 답답한 가슴을 틔워주기만 한다면요.

# “살암시민 살아진다”

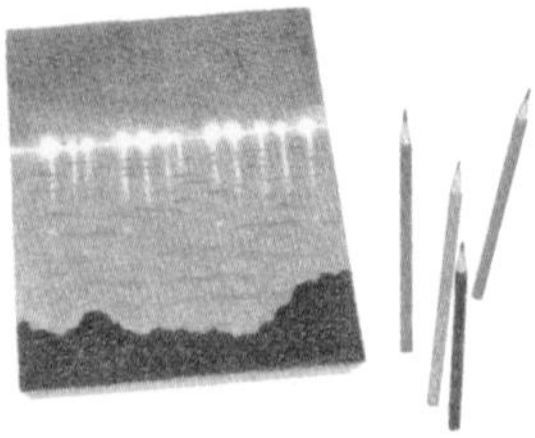

살다 보면 살게 된다

사는 게 유난하다 싶어지면, 모든 것이 거친 파도 속에서 노 젓는 일처럼 무용하고 헛되게 느껴지기도 합니다.

이럴 때 제주 어르신들이 곧잘 하는 말씀이 있어요. "촘앙 살민 살아진다", "살암시민 살아진다." 해석하면 '참고 살면 살게 된다', '살다 보면 살게 된다'는 말인데요. 여기서 '살아진다'는 말은 그저 '살게 된다'를 뜻하지는 않습니다. '모든 면에서 남부럽지 않게 살게 된다'는 걸 뜻합니다. 제주는 아름다운 섬이지만, 4·3 사건같이 아픈 역사가 서린 땅이기도 합니다. 섬을 거칠게 휩쓸고 간 폭풍 같은 시절 속에서도 꿋꿋하게 버티고 섰던 사람들. 어떻게든 살아보려고 섬을 떠나 육지로, 또 다른 섬으로 건너간 사람들. "참고 살면 살게 되고, 살다 보면 살게 된다"던 제주 할망**할머니**과 하르방**할아버지**의 말씀은, 그러므로 한숨 섞인 체념의 말이 아닌 듯합니다. 괴로움 속에서도 희망을 놓지 않는 자세가 담긴 말이죠. 매일 노를 놓지 않고 파도를 헤쳐나가는 마음이 이 말에 어려 있습니다.

그렇게 매일의 파도를 가르며 노를 젓다 보면 어느새 파도가 잠잠해지고 별빛이 보이는 순간이 찾아오지요. 제주에서 별은 '베롱베롱**반짝반짝**' 빛납니다. 옹색한 살림이 피거나, 끼니를 해결하여 눈에 밝은 생기가 돌면 '베롱ᄒᆞ다'고 하죠. 그러니 검은 밤바다의 고기잡이배 불빛이나 저만치 떠 있는 별도, 힘든 고비를 넘겨낸 살림살이나 생기가 되살아난 눈빛도 모두 '베롱베롱' 빛난다고 할 수 있겠네요.

**“기영저영 살다보민 다 살아진다.**

**저 별빛ᄀᆞ치 베롱ᄒᆞᆫ 날이 온다게.”**

그럭저럭 살다 보면 다 살게 되지.

저 별빛같이 밝은 날이 올 거야.

작은 노일지라도, 하루하루 물살 가르듯 살다 보면 어느 순간, 그 시절이 매듭지어졌음을 깨닫게 될 거예요.

유난히 파도가 거친 시기라면 떠밀려 가지 않도록
잘 짜인 하루 속에 자신을 놓아보는 건 어떨까요? 가령 하루를 시작하고
마무리 짓는 음악을 들으며 간단한 스트레칭을 하거나
침실을 단정하게 정리할 수도 있고요. 간밤에 꾸었던 꿈과 오늘 내게 의미 있었던
일을 적어본다든지, 한 줄 감사일기를 쓸 수도 있겠지요. 오늘을 잘 보내고
내일을 잘 맞이할 수 있도록 나만의 고유한 리추얼을 만들어보세요.

# “어디 감수광?”

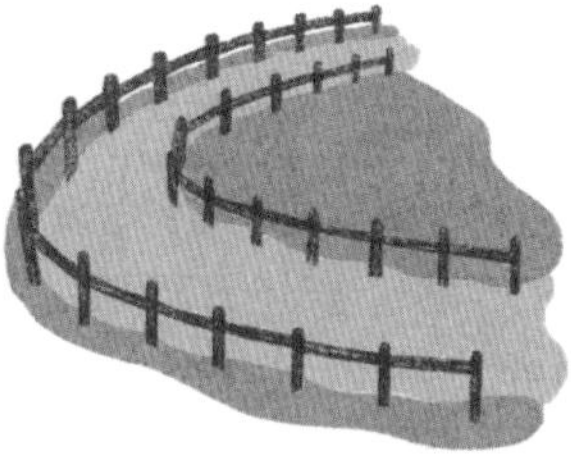

어디 가세요?

제주어 '올레'는 '거리에서 대문까지 집으로 드나드는 아주 좁은 골목'을 일컫습니다. 집과 우영팟텃밭을 나지막이 휘감은 올레는 큰길로 이어져요. 마을 한가운데 터줏대감처럼 자리 잡은 폭낭팽나무을 지나 너른 밭과 그 곁에 천연덕스레 드러누운 무덤들을 굽이감습니다. 길은 거친 바람 속에서 요령껏 구불거리며, 새들이 둥지 튼 잿빛 벼랑을 거쳐 짙은 숲 그늘 속을 파고들죠. 바로 제주의 길, '올레길'입니다.

올레길에서 종종 맞닥뜨리는 말이 있어요. "어디 감수광?" 바로 어디 가냐는 질문이지요. 특히 이 질문은 가던 길을 멈추고 사방을 두리번거리면 어디선가 투박한 음성으로 들려오곤 합니다. 그렇게 방향을 재정비하고 다시 길을 떠납니다.

삶을 사는 일은 길을 걷는 일 같아요. 집과 집을 잇고, 집과 세상을 잇고, 혈관처럼 이 세계의 세부로 뻗어나가다가도 다시 하나로 모아지는 길. 이 길에 머물기 위해 오늘도 집을 떠납니다. 하지만 목적과 방향을 잡고서 바지런히 살다가도 어느 날 문득 자문하게 돼요. '내가 지금 어디로 가고 있지?'

직선의 길, 직선의 속도에 고단해질 때, 막히거나 끊겨버린 길에 상심하게 될 때, 단지 길을 걷고자 길을 떠난 것만 같을 때, 제주의 올레길을 떠올려보면 어떨까요. 에둘러 가는 길은 풍경을 속속들이 보게 하고, 막다른 길은 긴 여정의 쉼터가 되어주지요. 갈림길은 우리의 삶이 다채로운 가능성을 지니고 있음을, 어쩌면 선택보다 선택 이후의 태도가 더 중요함을 일러주는 듯도 합니다.

**"어디 감수광?"**

어디 가세요?

걸음을 멈추는 질문이 들려온다면, 올레길 걷는 마음으로 오늘의 길을 걸어보세요. 어떤 길도 햇볕이 내리쬐며 바람이 불 테니까요.

최근 몇 년간 이맘때 나의 주요 행적을 살펴볼까요.
클라우드, SNS, 다이어리 등 나의 기록 보관소를 열어보세요.
빈 지도를 크게 그린다 생각하고 내가 머물렀던 곳을 날짜와 함께 표시해보는 거예요.

가령, “4년 전 10월 잠실구장 프로야구 포스트시즌 개막과 더불어 연애 종료.”
“3년 전 10월 00서점 인생 작가와의 만남, 문체뿐만 아니라 목소리도 근사하심.”
“2년 전 10월 동네 선별진료소 코로나19 검사 음성반응.”
“1년 전 10월 성공적 이직을 내 방에서 자축함” 등⋯ .
지도 위의 점들을 선으로 이어보면 그것도 내가 걸어온 길이겠네요.

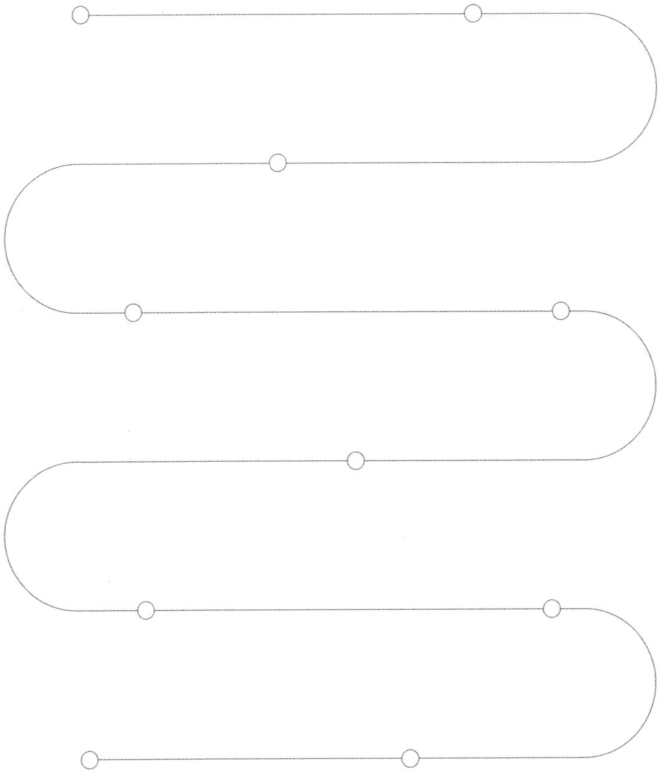

# “내불라게”

내버려둬

모른 척 내버려둘 수 없는 사정들로 잠 못 이루는 밤, 짐짓 그게 뭐 대수냐는 어투로 자신에게 들려줍니다. "내불라게." 잔걱정으로 눅눅하던 마음이 한결 산뜻해지고, 이 말을 곱씹는 동안에는 나를 옥죄던 시름들이 흐물흐물 스러져갑니다. '내불라게'는 '알아서 잘하겠지, 될 일이라면 되지 않겠어? 순리대로 흐르도록 내버려두자!'라는 의미를 담고 있거든요. 제주어 '내불다'는 '내버리다'를 뜻합니다.

**"내불라게. 즈든덴 일이 해결뒈느냐?"**

내버려둬. 걱정한다고 일이 해결되겠어?

자식이 많은 부모는 걱정이 많다 하여 '가지 많은 나무에 바람 잘 날 없다'고들 하지만, 사실 어른으로 살아가는 일도 그렇습니다. 나의 세계가 확장될수록 관계망은 가지처럼 뻗어가고, 역할들은 늘어납니다. 우리는 그 속에서 자주 허덕이곤 해요. 내 뜻대로 사람이 움직이고 일이 풀리기만 바랄 때, 마음의 손아귀는 더욱 억세지는 것 같습니다. 그럴 때면 이렇게 말해보세요. "내불라게." 호기롭고, 명쾌하게. 손아귀의 힘을 풀고, 부질없는 걱정들을 놓아버리는 거예요.

차마 놓지 못한 걱정 또는 마음을 사납게 움킨 불안으로
일이 손에 잡히지 않을 때가 있지요.
습관적인 걱정과 불안은, 떠오를 때마다 의식적으로 밀쳐두는
연습이 필요해요. 집중력을 흩트리는 것들을 여기에 적어보면 어떨까요.
모두 후련하게 내버리는 마음으로요!

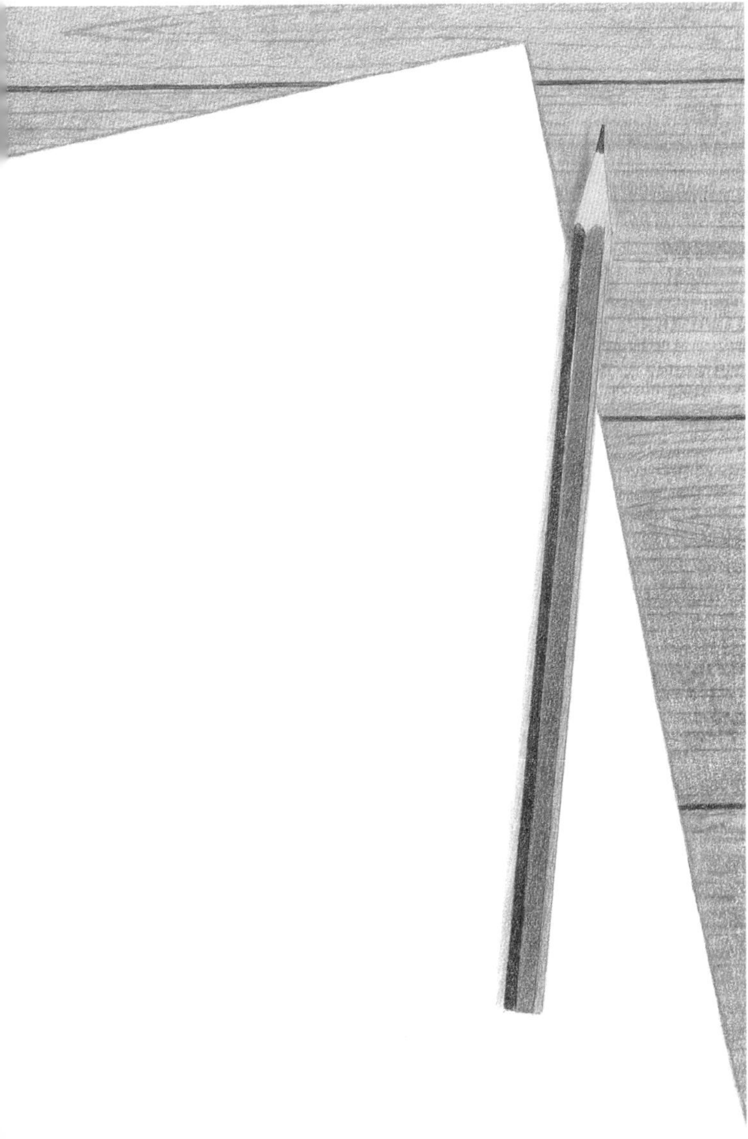

# “잘도 아꼽다!”

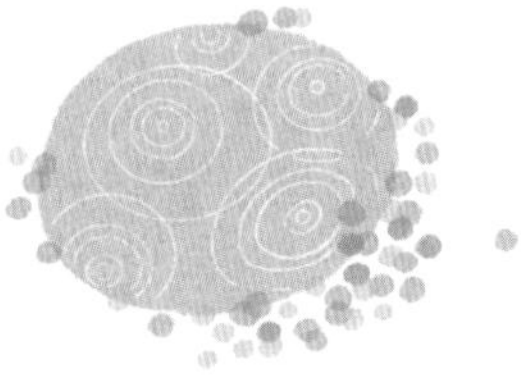

정말 예쁘네!

오래전 어느 봄의 산책길. 어머니가 돌연 걸음을 돌이켜 한 할망할머니에게로 다가갔습니다. 할망은 왕벚나무 줄기에서 막 움튼 싹을 유심히 살피고 있었어요. 누군가 갑자기 말을 걸어 놀란 기색이던 할망이 어느 순간 눈을 빛내더니 이게 누구냐며 탄성을 내질렀지요. "아이고, 이게 누게고!" 오랜만의 해후인 듯 서로 두 손 꽉 잡고서 안부 나누길 한참, 이윽고 할망이 어머니와 제 손을 번갈아 쓰다듬으며 말씀하셨지요. "어멍도 아꼽곡, 똘도 아꼽곡, 잘도 아꼽다이!엄마도 예쁘고, 딸도 예쁘고, 정말 예쁘네!" 그 말에 어머니는 내일모레 환갑이라며 손사래를 치셨답니다. 어쩐지 수줍어도 보이는, 하지만 볼우물이 깊게 패도록 활짝 웃는 어머니의 얼굴에서 할망은 언젠가의 젊은 어머니를 보았을 테고, 멋쩍게 따라 웃는 장성한 딸에게선 엄마 손 없이는 걸음도 제대로 못 걷던 어린아이의 모습을 겹쳐 보았겠지요.

제주어 '아끕다'는 '귀엽고, 예쁘고, 사랑스럽다'를 뜻합니다.

어느 봄날의 아끕은 풍경이 떠오릅니다. 꽃잎이 나비 날개처럼 포개져 핀 봄꽃을 보며 "훨훨 날아라, 꽃이야!" 거듭 날기를 재촉하는 세 살배기. 한숨을 폭 쉬면서 그건 나비가 아니라 꽃이라고 끈기 있게 가르치는 어린 언니와, 키득거리며 그 모습을 카메라에 담느라 바쁜 사촌 언니. 틈틈이 그쪽으로 시선을 주면서도 여전히 수다 삼매경인 젊은 엄마들과 그 곁에서 이제 훌쩍 커버린 딸들을 흐뭇하게 바라보는 나이 든 엄마….

지나간 시간들 속 우리는 그저 보기만 해도 아까울 만큼 모두 아깝지요.

아주 먼 훗날의 내가 되어 오늘의 나를 바라보면 어떤 기분일까요. 어떤 시작도 늦었다 할 수 없을 만큼 여전히 젊고, 어떤 모습도 마냥 예쁘기만 한 자신을 애정과 다정을 한껏 담아 바라봐주세요. 그리고 말해주는 거예요.

**"잘도 아깝다!"**

정말 예쁘네!

어린 시절의 사진들을 골라 오늘의 나와 나란히 남겨볼까요.
스스로에게 꼭 들려주고 싶은 메시지를 함께 기록해두어도 좋겠어요.

**어린 나**

**오늘의 나**

# “몬딱 소중헤마씀”

모두 소중해요

제주의 '곶자왈'을 아시나요? 오름의 화산 활동으로 형성된 용암 숲이에요. 곶자왈의 '곶'은 '숲'을 뜻합니다. 그리고 나무와 덩굴 따위가 엉클어져 덤불같이 무성해진 곳을 '자왈'이라고 하지요. 크고 작은 바윗덩어리와 그 위를 진득하게 뒤덮은 이끼들, 뿌리내릴 토양이 빈약하여 대신 바위를 단단히 움켜쥔 나무의 굵은 뿌리, 치솟은 고목마다 타고 오르는 넝쿨식물과 웃자란 양치식물 그리고 하늘 높이 울창하게 뻗은 나무들까지 모여 서늘한 암녹색 숲 그늘을 드리우죠. 원시림의 모습을 한 이곳, 곶자왈은 제주의 허파로 불립니다.

곶자왈은 경작지로 쓸 수 없기에 오래도록 제주 사람들의 삶에서 주변부에 머물렀어요. 무분별한 개발의 대상이 되기도 했지요. 하지만 세계에서 유일하게 북방한계 식물과 남방한계 식물이 공존하는 곳이 곶자왈입니다. 멸종 위기 동식물의 서식처이자 다양한 생태계의 보고이지요. 제주가 몇천 년 넘게 지켜온 본연의 모습을 이곳에서 볼 수 있어요.

문득 '쓸모 있는 나'와 '쓸모없는 나'로 재단하며 사느라 마음이 닳고 말았음을 뒤늦게 깨달을 때가 있습니다. 삶의 무대 위 환한 조명 속에 내세운 내 모습을 기꺼워하다가 무대 커튼 뒤 어둠 속에 숨어 있는 나의 그림자를 뒤이어 발견하기도 합니다. 본인의 이상과 타인의 시선, 사회적 기준에 움츠러들고 버려지는 또 다른 나. 나라는 존재가 단 몇 개의 수식어로 평가되면 세계도 딱 그만큼 좁아지는 것 같지요. 그래서 우리는 잃어버린 나를 찾아 불현듯 떠나고 싶어지는 걸까요?

우리의 어떤 모습도 시들지 않았으면 합니다. 그 모든 모습이 각자의, 놀랍도록 고유한 숲을 이룰 테니까요. 곶자왈처럼요. 세상의 소음과 욕망에 나라는 숲이 훼손되지 않도록 스스로가 견실하고 자부심 강한 숲지기가 되어주세요. 나를 이루는 다채로운 조각들이 서로에게 기대어 평화로이 공존할 수 있도록요.

**"문딱 소중헤마씀."**

모두 소중해요.

나에게서 뜻밖의 새로운 모습을 발견한 적이 있나요.
오래 알고 지낸 친구에게 의외였다거나 낯설다고 느낀
나의 모습이 있는지 물어봐도 좋아요.
그게 어떤 모습이었는지 아래에 적어보세요.

그 모습에 나는 어떤 기분이 들었는지 기록으로 남겨보세요.
다만 평가는 하지 말기로 해요.
그 또한 나를 이루는 소중한 조각일 테니까요.

# “낭은 돌 으지ᄒᆞ곡,
# 돌은 낭 으지ᄒᆞ곡”

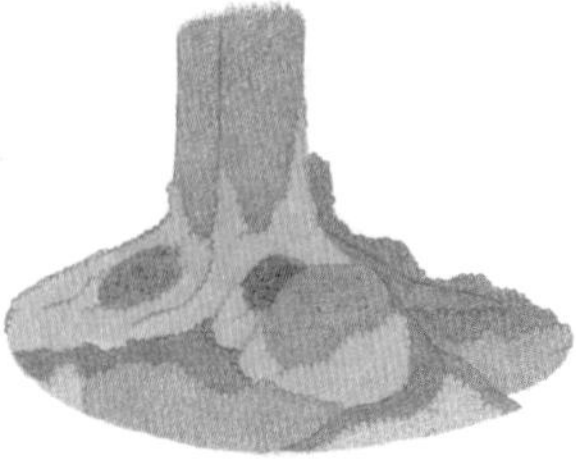

나무는 돌을 의지하고,
돌은 나무를 의지하고

기암괴석으로 가득 찬 곶자왈은 비옥한 대지에 조성된 숲 못지않게 울울창창합니다. 깊이 뿌리내릴 기름진 흙이 없어도 제주의 나무들은 돌에 달라붙어서, 돌 틈에서, 돌에 기대어서 자라지요. 아래로 파고들지 못한 뿌리는 땅 위로 뻗어, 마치 구렁이 굼실거리듯 바위를 휘감습니다. 한편 굵은 근육질의 뿌리들이 이 돌무더기 땅을 단단히 움켜쥐고 있어 사나운 비바람에도 숲은 건재합니다.

**“낭은 돌 으지ᄒᆞ곡, 돌은 낭 으지ᄒᆞ곡.”**

나무는 돌을 의지하고, 돌은 나무를 의지한다는 제주 속담인데요. 이는 옛 제주 사람들이 상부상조와 공존 공생의 가치를 그들이 나고 자란 자연에서 배웠음을 보여주지요.

몸과 마음의 형편이 언제나 같지만은 않은 듯합니다. 목표를 향해 몸은 있는 힘껏 달릴 수 있으나 마음은 느리게 걸어야 할 때가 있고요. 의욕에 넘쳐 마음은 줄달음치나 어쩔 수 없이 몸이 쉬어야만 할 때도 있어요. 한쪽의 처지가 달라졌는데도 다른 한쪽이 사정없이 죄어친다면 둘 중 하나는 넘어지기 마련이니까요. 잃어버린 균형을 되찾을 때까지 넘어진 쪽의 속도에 발맞추어 더디게 나아가야 합니다. 서로에 기대어, 서로를 견고하게 지탱할 수 있도록 말이에요. 마음은 몸 의지하고, 몸은 마음 의지하며 우리의 생을 지속시킬 거예요. 숲을 건강하게 일궈내는 제주의 돌과 나무처럼요.

하루빨리 취하려는 간절함보다 매일 작지만 꾸준하게 지속하려는 마음가짐이 더욱 값진 성취를 줄지도 몰라요. 멀리, 그리고 오래 갈 수 있도록 지금 내가 더 돌봐야 할 건 몸일까요, 마음일까요. 균형이 무너졌다면 몸 혹은 마음에 맞춰 단기 목표와 일과를 재조정해보세요. 일상의 템포와 리듬을 바꿔보는 거예요.

**마음 일기**

새로운 일과에 적응하는 동안 몸 일기와 마음 일기를 기록해보는 것도 추천합니다. 가령, 은연중에 무시해온 고질적인 문제나, 작아서 놓치기 쉬운 긍정적인 변화 같은 것을 써보세요. 나를 알아차릴 수 있게 도와주는 좋은 방법이랍니다.

몸 일기

# “손 심엉 ᄀᆞ치 가게”

손잡고 같이 가

바람에 잔물결 이는 청보리밭을 지나 동생과 앞서거니 뒤서거니 걷던 오래전의 숲길. 어디선가 나타난 할망할머니이 베염뱀을 조심하라면서 "아시 손 심엉 ᄀ치 가라" 이르셨지요. '동생 손 잡고 같이 가라'며 거듭 당부하는 할망. 정작 당신은 아무렇지 않다는 듯 웃어 보이곤 웃자란 수풀로 태연하게 걸음을 옮기셨고요. 할망의 미소와 경고 사이에서 망연해진 채로 저는 멀찌감치 뒤처진 어린 동생에게 잽싸게 다가가 손을 꽉 잡았지요. 혹여 오수 즐기는 뱀을 깨울라 발걸음은 죽이고서, "무사?왜?"하고 묻는 동생의 말에는 그저 미소로만 답한 채로요. 뱀을 걱정하며 걷기에는, 날이 좋았으니까요. 동생은 노래를 흥얼거리며 맞잡은 손을 앞뒤로 흔들어 댔습니다. 작은 손 하나 잡았을 뿐인데 펄떡펄떡 뛰던 심장이 제 속도를 찾아갑니다. 그저 손 하나 잡혔을 뿐인데 걸음의 보폭과 리듬이 달라져요. 어느새 마음은 느긋해집니다.

'심다'는 '(붙)잡다'는 뜻의 제주어인데요. 초목의 뿌리나 씨앗 따위를 흙 속에 묻는다는 뜻의 표준어 '심다'와는 다른 말입니다. 하지만 손에 손을 심었다고 생각해보세요. 어쩐지 단단히 맞잡은 두 손의 모습이 떠오르는 것 같지 않나요. 다른 뿌리에서 뻗어나간 두 몸의 일부가 그 순간만큼은 하나로 얽혀 있는 듯 말이죠.

사랑하는 이의 손에 쥐여준 게 내 손이 아니라 심장처럼 느껴지는 것도, 손으로 전해지는 체온이 마음을 그토록 빨리 데우는 것도, 널뛰던 감정이 잡은 손으로 진정되는 것도, 손을 잡는 것만으로 서로 약속이나 한 듯 방향과 속도가 맞춰지는 이유도, 모두 여기에 있을까요.

**"손 심엉 ᄀᆞ치 가게."**

손잡고 같이 가.

그렇다면 인생의 거의 모든 날이 손잡고 걷기 좋은 날입니다.

혼자가 아닌 누군가와 함께하여 좋았던 순간이 있나요. 친구와 손잡고 걷던 등하굣길, 처음으로 서로의 손톱에 꽃물을 들여주던 일, 따로 걷다가도 비탈길에서는 잊지 않고 내밀어주던 손, 용기 내어 먼저 잡아본 손. 체온을 나누며 함께했던 그 모든 특별한 순간들 말이에요. 떠올리는 것만으로도 미소 짓게 하는 그 장면을 기록으로 간직해보세요.

# “간세다리추룩 놀멍 쉬멍”

세상 느긋한 사람처럼 놀면서 쉬면서

제주에서는 게으름쟁이를 '간세다리'라고 부릅니다. 느긋하게 여유 부리는 사람을 일컫기도 하지요. '간세'는 '게으름'을 뜻하고 '-다리'는 특정 성향이나 습관을 지닌 사람을 지칭할 때 쓰여요. 올레길을 걷다 보면 방향을 알리는 파란색 조랑말 이정표가 눈에 띕니다. 올레를 상징하는 캐릭터인데요. 이 앙증맞은 조랑말의 이름도 '간세'랍니다. 시간에 쫓기지 말고 놀멍 쉬멍**놀면서 쉬면서** 가자는 뜻을 담았다고 해요.

인생의 휴지기에 머물 때면 일을 하지 않는 자신이 간세다리인 양 느껴지기도 합니다. 벗어나고픈 쳇바퀴였는데도 트랙 바깥으로 아예 밀려난 건 아닌지 불안해하기도 하지요. 하지만 농사를 지을 때면 땅의 힘을 회복하기 위해 주기적으로 경작을 멈추듯이, 우리의 마음도 힘을 얻으려면 쉼이 필요해요.

그러니 잠시 길에서 벗어나 간세다리가 되어도 괜찮을 듯합니다. 속도를 늦추고, 마음의 고삐를 풀고, 길의 소실점에서 멈춰 서 시선을 반대로 돌려보는 거예요. 애초부터 배경의 일부였다는 듯 고요하게 머물러도 좋습니다. 잠시나마 누군가의 풍경이 되어도 좋습니다.

**"간세다리추룩 놀멍 쉬멍 가도 되주게."**

세상 느긋한 사람처럼 놀면서 쉬면서 가도 괜찮지.

에너지를 충전하는 장소도 방법도 가지각색이지요. 어떤 이는 방공호를, 어떤 이는 광장을 선호하고요. 어떤 이는 온 감각을 동원해 자연을 맛보며, 어떤 이는 자기만의 방에 숨어들어 고요한 시간을 갖습니다. 활력을 돋우기 위해 스포츠 활동이나 취미 모임을 계획하는 이들도 많지요. 마음이 유독 지친 날에 나는 어디에서 어떤 방법으로 재충전을 하나요?

# 여름, 날 체와가는 ᄆᆞ음

# “하영, 하영 웃게마씀”

많이, 많이 웃자고요

아주 오래전 아버지가 웃으며 말씀하시길,
"하영 먹고 하영 크라고 하영이라 지었지."

그 말에 어린 동생은 귤을 볼 한가득 집어넣고 배시시 웃었죠. 동생 이름은 '하영'입니다. 제주어로 '많이'를 뜻해요. 이름 덕인지 먹성도 좋고 신체 발육도 뛰어났던 동생은 무엇보다 웃기도 하영 웃었어요. 그 웃음을 얼굴에 고스란히 새긴 채 나이를 먹었답니다.

우리말에는 원래 많다는 뜻으로 '하다'라는 형용사가 있었는데 오래전 소실되었다고 해요. 서로 구분되이 쓰였던 동사 '하다'만이 현재 남아 있지요. 그러나 소실된 옛말은 여기 제주어 '하영'에서 살필 수 있습니다.

과거를 품고 기특하게 살아남은 이 단어만큼 제주에서 정말 하영 쓰이는 단어가 있는데요. 바로 '지꺼지다'입니다. '기쁘고, 흐뭇하며, 즐겁다'는 뜻이에요. 많은 제주어가 사라지고 있지만, 이 단어는 제주인의 삶에 고스란히 새겨진 채 오래도록 함께할 듯합니다. 그건 살면서 지꺼진**즐거운** 일이, 지꺼졍**기뻐하며** 웃을 일이 사라지지 않기 때문일 거예요.

잘 보면 슬픔과 고단함이 지속되는 시절에도 작지만 단단한 기쁨들이 징검돌처럼 놓여 있습니다. 띄엄띄엄 놓인 기쁨들을 딛고 한 발 한 발 앞으로 향하다 보면, 어떤 시절도 무사히 건너갈 수 있지 않을까요. 아주 사소한 즐거움에도 부러 크게 웃어보면 어떨까요. 우리 모두, 살아가는 일에 지쳐 그 많던 웃음을 잃지 않도록요.

**"하영, 하영 웃게마씀."**

많이, 많이 웃자고요.

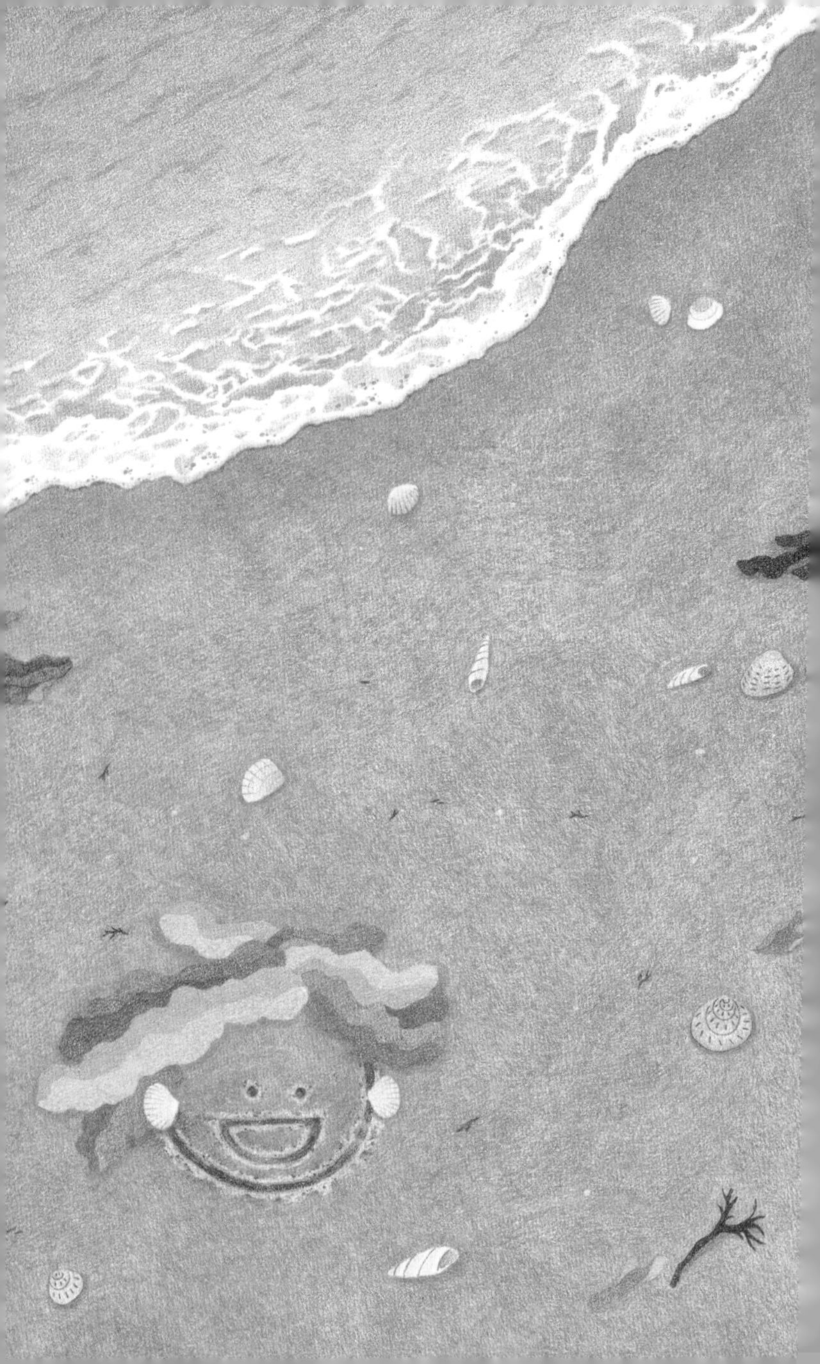

나를 하영 웃게 하는 것들을 이곳에 모아볼까요.
잠깐 쓰레기만 버리고 왔는데도 격하게 환영해주는 강아지,
요즘 나의 웃음을 책임지는 예능 프로그램, 유머 코드가 같아 작은 일에도
신나게 웃는 친구들, 독특한 익살이 돋보이는 입담 좋은 소설….

그것이 나 자신이라도 좋아요.
사진이나 추억 속 하영 웃는 나의 모습들을 여기 담아보는 거예요.
얼굴을 마구 구기며, 진심으로 터져 나온 내 웃음을 하영 보는 것도
지꺼진 일이 될 테니까요.

---

♪

♥

♫

♡

♬

♡

♬

♪

♥

♫

# “아도록ᄒᆞ연 잘도 좋은게!”

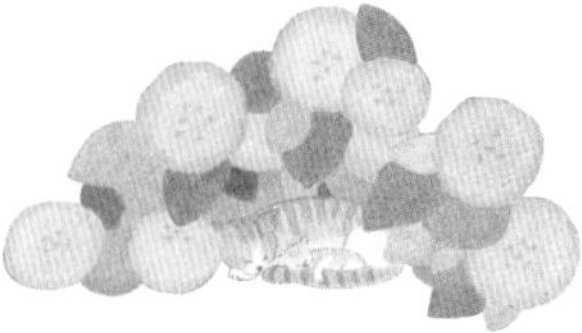

아늑해서 정말 좋은데!

어린 시절 들어앉아 있던 이불 동굴이라든가, 물애기갓난아기를 안고 있는 엄마의 품이라든가, 아이가 목을 꼭 껴안고 두 발 달랑거리며 매달려 있던 널따란 등, 혹은 반려동물에게 내어주는 무릎, 서로를 담은 다정한 눈빛과 가만가만 한가로운 대화가 오가는 탁자, 그리고 한 줌 갈등 없이 안온하고 무탈한 이야기의 세계…. 참, 뜨거운 볕과 세찬 바람을 피할 수 있는 제주의 돌담도 있군요. 죄다 우리를 아도록ᄒ게 품는 곳들이지요. 제주어 '아도록ᄒ다'는 '아늑하다'는 뜻입니다.

매일 아침, 몸과 기분의 안녕을 위해 그날의 날씨에 맞설 채비를 하지요. 인생의 궂은 날씨도 이렇게 예측하여 대비할 수 있다면 얼마나 좋을까요. 난데없는 돌풍, 예기치 않은 소나기, 이례적인 폭염, 때 이른 폭설…. 하지만 괜찮을 겁니다. 우리를 보듬어주는 안식처가 있다면요. 소박해도 아늑하기 그지없는 나만의 공간. 마음이 놓이는 자리. 그런 아도록한 품들이 우리를 지켜줄 거예요.

**"아도록ᄒᆞ연 잘도 좋은게!"**

아늑해서 정말 좋은데!

사랑하는 사람들을 집으로 초대하여 정성껏 차린 음식과 함께 시간을 보내면 어떨까요. 따뜻한 환대의 자리는 초대된 사람만이 아니라 초대한 사람 또한 다정하게 품어주지요. 그들과 나눈 아도록한 순간을 사진이나 문장으로 이곳에 간직해도 좋겠어요.

# “사스레기 이는 거 보민 ᄆᆞ음이 펜안헤져마씀”

잔물결 이는 걸 보면
마음이 편안해져요

썰물이 빠져나간 해변에 서서 청명한 바다를 바라봅니다. 오늘의 바다는 바람이 잦아들어 유난히 평온하네요. 새파란 하늘과 잇닿은 채 몸을 느슨하게 펼친 바다의 모습이 어쩐지 깊이 잠든 듯 보이는군요. 부드럽게 일렁이는 잔물결에 햇빛이 부서지자 물비늘이 눈부신 빛을 발합니다. 맑고 투명한 물이 발을 적시고 얌전하게 물러서면 발가락에 힘을 주어 젖은 모래를 움켜쥐어 봅니다. 그리고 천천히 바다에 들어서지요. 이윽고 발목에서 느껴지는 기분 좋은 찰랑거림. 바다가 손으로 물을 조금씩 끼얹는 것도 같아요. 이렇게 자잘하게 이는 물결을 제주어로 '사스레기'라고 합니다.

잘락잘락**찰랑찰랑** 사스레기 이는 걸 가만히 들여다보면, 마치 작은 일에도 끊임없이 흔들리고 울렁이는 마음 같기도 하네요. 하지만 시선을 저 멀리 던져보면 바다의 거대한 몸체가 가없이 펼쳐져 밀도 높은 존재감을 드러내지요. 마음의 가장자리는 간단없이 흔들릴지언정, 심지는 저렇게 깊고 고요하면 좋겠습니다.

**"사스레기 이는 거 보민 ᄆᆞ음이 펜안헤져마씸."**

잔물결 이는 걸 보면 마음이 편안해져요.

자분자분 쓰다듬는 바다의 손길에 몸을 맡겨보세요. 부산하게 들썩이던 마음까지 차분해지도록요.

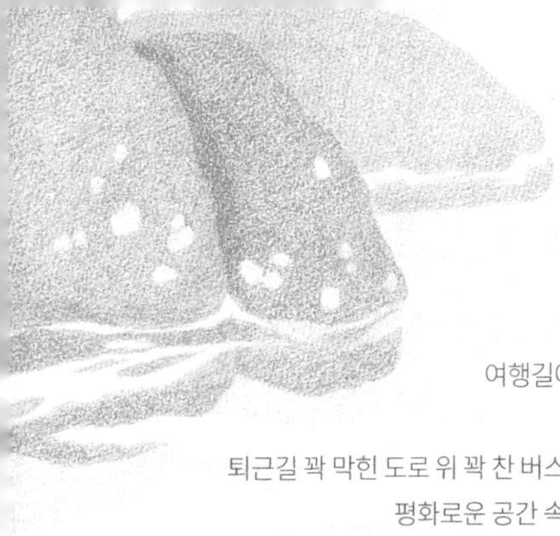

여행길에서 북적거리는 낯선 도시의 골목을 헤매다
오래된 성당 혹은 박물관에 들어섰을 때,
퇴근길 꽉 막힌 도로 위 꽉 찬 버스 안에서 헤드폰을 끼고 음악에 귀기울일 때,
평화로운 공간 속으로 몸을 숨긴 듯한 기분이 들기도 합니다.
바깥세상만이 아니라 내면의 소요와 소음에서도 잠시나마 벗어날 수 있다면 좋겠지요.
마음이 어지럽고 소란스러울 때, 고요와 평온을 되찾는 나만의 방법을 고민해볼까요.

# “과랑과랑ᄒᆞ곡, 시우롱ᄒᆞ곡, ᄃᆞᆯ코롬ᄒᆞ곡, ᄍᆞ락진”

쨍쨍하고, 시큼하고, 달콤하고, 떫은

나의 7월은 어떤 기억을 품고 있나요? 겨울의 한복판에서도 그 풍경을 즉시 불러들이는 여름의 냄새, 혹은 맛이 있나요?

과랑과랑**쨍쨍** 쏟아지는 7월의 하얀 땡볕, 바람에 출렁이는 빨랫줄마다 황톳빛으로 서서히 물들어가던 갈옷, 으깬 풋감에서 풍기는 시우롱흔**시큼한** 단내. 오래전 제주에서 볼 수 있던 흔한 여름의 풍경이자, 생각만으로도 코를 찡긋거리게 하는 여름의 냄새입니다.

제주 전통 의복인 '갈옷'은 광목이나 삼베에 감물을 들여 만든 옷을 통틀어 말하는데요. 돌코롬흐게**달콤하게** 잘 익은 감이 아니라 쪼락진**떫은** 토종 풋감을 이용합니다. 갈옷은 통풍이 잘되어 땀을 많이 흘려도 옷감이 몸에 달라붙지 않았기에 비바람이 잦은 제주의 노동복으로 탁월했어요. 풋감에 함유된 탄닌 성분이 자외선을 차단해주어 뜨거운 태양을 피하기에도 좋았을 거예요.

**"과랑과랑ᄒᆞ곡, 시우롱ᄒᆞ곡, ᄃᆞᆯ코롬ᄒᆞ곡, 쪼락진…."**

짱짱하고, 시큼하고, 달콤하고, 떫은….

어떤 감각들은 영영 되돌아갈 수 없는 세계의 문을 잠시나마 열어주는 듯해요. 태어나 처음 본 바다의 빛깔, 내 손으로 선택한 첫 번째 향수, 첫 여행지에서 맛본 낯선 음식, 어린 시절 엄마 품에서 맡았던 로션 냄새, 헌책방의 묵은 공기…. 그중에는 우리를 한순간에 홀리거나 진저리치게 한 인생의 첫 감각들도 있고요. 반대로 평범한 날들 속 흔한 감각이었으나 훗날 그 시절과 더불어 그리워지는 것들도 있지요. 그 모든 감각이 우리가 살아 있는 존재임을 환기합니다. 찰나의 과거이든, 지금 여기의 삶이든 생생하게 느끼도록 도와주지요.

고만고만한 날들 속에서 마음이 온통 시들하다면, 몸의 감각에 집중해보면 어떨까요. 오늘 하늘의 낯빛, 문밖을 막 나섰을 때 밀려오는 계절의 냄새, 오늘의 첫맛 같은 것에요. 눈에 익은 사물도 오래 응시하면 낯설어지고, 일상의 배경으로 묻혀 있던 세상도 집중하는 순간 한결 뚜렷해집니다. 낯선 환경에 자신을 놓거나 새로운 감각을 경험해보는 것도 좋겠네요. 잠들어 있던 설렘과 경이의 감각이 깨어날지 모르니까요.

누군가의 손에서 완성된 새로운 음식도 감각의 경험을 넓히는 데 도움이 되겠지요. 하지만 오늘은 다양한 식재료가 필요한 요리에 손수 도전해보면 어떨까요. 재료의 맛과 향을 낱낱이 경험해보고, 어떻게 어우러지는지 온전히 느껴보는 거예요. 감각어들을 모아 기록을 상세하게 남겨봅시다. 오늘의 맛으로 기억될 수 있도록요.

**오늘의 향**

**오늘의 맛**

# “어디서 봉간마씀?”

어디에서 주웠어요?

어린아이들은 길을 가만히 걷는 법이 없지요. 아이들의 시선은 어찌나 남다른지 발에 차인 조약돌 하나도 신기하다는 듯 주워 살펴요. 미세한 반짝임에도 눈이 휘둥그레지고 무언가를 닮은 형상에 몹시 감탄합니다. 바다에 가면 마음에 드는 조개껍데기를 찾아 모래사장을 헤집기도 하고, 파도에 마모된 유리병 조각에 매료되기도 하고요. 구슬을 가지고 놀다가도 구슬 속 작은 우주를 하염없이 들여다보기도 해요. 영롱한 빛들의 은하수를 간직한 유리구슬은 흠집이 얼마나 있든 간에 보물상자 안에 소중히 간직되지요. 아이들의 이 모든 줍는 행위에는 일종의 '득템'과 횡재에서 오는 순도 높은 기쁨이 서려 있습니다. 취향의 세계는 이렇게 시작되었는지도 모르겠어요.

제주어 '봉그다'는 이렇게 '뜻밖에 물건을 거저줍는' 경우에 쓰인답니다. 그렇다면 그냥 줍는 것은요? '줏다'라고 하면 되지요.

어른이 되고 나서는 각별하게 사로잡힌 것들이 생겨도 어린 시절처럼 마음을 모조리 내어주지는 않는 것 같아요. 하지만 삶의 서랍들은 시절마다 봉근주운 아름다움들로 차근차근 채워지고, 앞으로도 그렇겠지요. 우연히 발견하는 기쁨은 여전히 소중합니다. 아름다움의 낱낱을 더듬어 내가 좋아한 것들의 목록을 되짚다 보면, 그로 인해 내 존재가 얼마나 선명해졌는지 깨닫게 돼요.

타인의 세련되고 휘황한 취향에 잠시나마 눈을 빼앗길지언정, 내 소박한 서랍 속 작은 빛들이 마음 저릴 만큼 귀한 건 아마도 그 때문일 거예요.

**"잘도 아깝다예! 어디서 봉간마씀?"**

정말 예쁘네요! 어디에서 주웠어요?

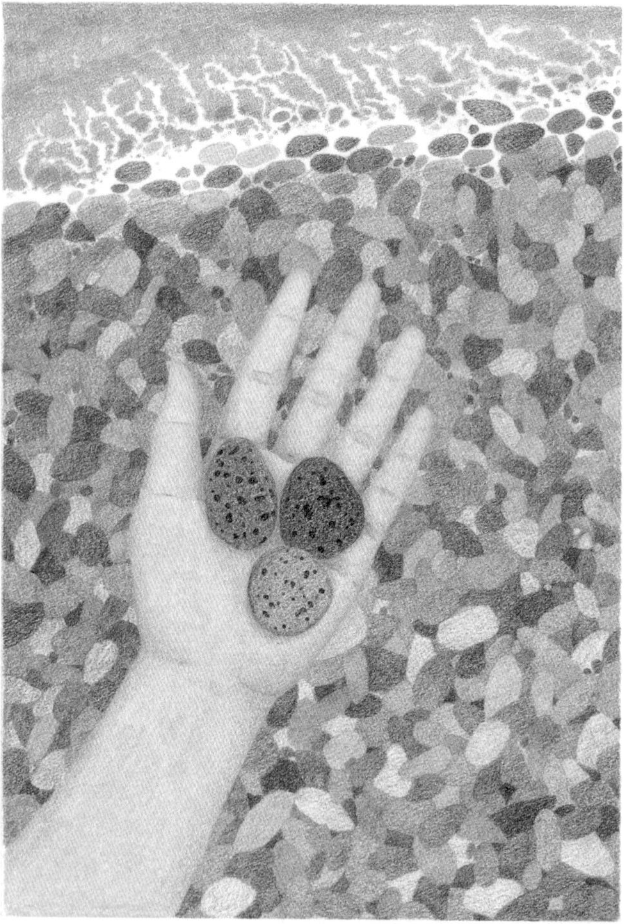

취향을 발견할 때 타인의 추천이 아니라 우연에 기대보는 것도 신선한 즐거움을 줄지 몰라요. 아이처럼 대범하게 말이지요. 내키는 대로 걷다가 시선을 잡아끄는 데서 시간을 보내보는 것도, 동네 작은 서점에서 발품 팔아 책을 골라보는 것도 좋겠군요. 그런 우연한 발견에서 봉근 기쁨을 기록으로 남겨보면 어떨까요.

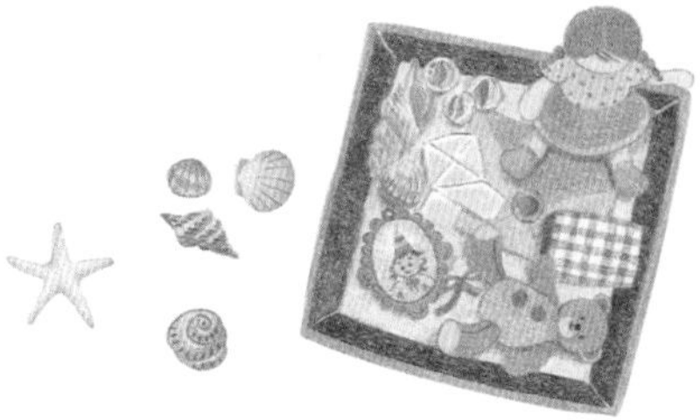

# “속솜헹 들어보젠?”

조용히 들어볼래?

'잠잠하다'는 잠길 잠潛 자를 두 번 겹쳐 이룬 단어입니다. '잠'은 물에 잠기면 보이지 않기에 '감추다'라는 뜻도 지니고 있어요. 그렇다면 잠잠한 마음은 무언가를 숨기고 감춘 마음일까요? 고요한 표면 아래 말할 수 없는 이야기를, 꺼내놓을 수 없는 감정을 깊이 가라앉혀 놓았을까요? 어떤 행동도 하지 말고 가만히, 아무 말도 하지 말고 조용히. 그렇게 세상이 '속솜ᄒᆞ라'고 침묵을 강요할 때가 있지요.

제주어 '속솜ᄒᆞ다'는 '아무 말도 아니하고 입을 다물다, 잠잠하다'를 뜻합니다. 부당한 폭력 앞에서 침묵을 강요당한 이들이 들어왔던 말이기도 하지요. 이런 침묵은 마음속에 더 깊은 상처를 남기기도 합니다. 세상 혹은 타인의 목소리만이 내 입을 다물게 하는 건 아니에요. 내 안에서 들려오는 말들도 나를 얼어붙게 합니다. 자신을 타박하고 비판하는 내면의 목소리 말이에요. 때로는 세상의 목소리가 아니라 내 안의 목소리와 맞서는 게 더 힘겹습니다.

나를 가두고 옥죄이는 말들로 마음이 요동치고 있나요. 그렇다면 어떤 목소리를 침묵시켜야 할지, 어떤 목소리에 귀기울여야 할지 먼저 구별해보면 어떨까요. 작게 더듬거릴지언정 침묵을 깨고 내 고유한 목소리로 이야기할 수 있다면, 나를 움츠리게 하는 부정적인 목소리들을 도리어 힘센 긍정의 목소리로 잠잠하게 할 수 있다면, 마음에 진정한 고요가 깃들 거라 믿어요.

**"속솜헹 들어보젠?"**

조용히 들어볼래?

혹시 습관적으로 내뱉게 되는 부정의 말들이 있나요.
그 말들에 단호하게 맞설 수 있는 긍정의 말들을 한데 모아보세요.

유난히 기분이 저조하거나 마음이 약해질 때 응급 처치를 해주는 말들을,
특정 상황에서 빈틈없이 대처할 수 있는 말들을 적어놓고
상비약처럼 언제든 사용하세요.

# “수눌엉 헤봄이 어떵ᄒᆞ우꽈?”

갈이 거들면서 해보는 게 어때요?

제주에는 특별한 형태의 공동체 정신이 있습니다. '수눌음'이라 불리는데요. 사전적 의미로는 '품앗이'를 뜻합니다. 동사형은 '수눌다'로, '품앗이하다', 혹은 '이웃 간에 힘든 일을 서로 거들다'를 의미합니다. 사실 수눌음은 육지의 품앗이와는 사뭇 달라요. 노동력을 주고받는 데서 그치지 않고 마을의 큰일과 개인의 대소사에도 손을 보태거든요. 부족한 인력과 물자를 공유하는 협업을 넘어서 힘든 시절을 함께 버텨내게 한 제주만의 삶의 방식이었을 거예요. 열악한 자연환경과 중앙으로부터 배척, 수탈당했던 역사적 상흔에서 비롯된 생존 방식이었을지도 모르겠습니다.

수눌음이 원활히 기능했던 이유 중 하나는 서로가 서로의 등을 단단히 받치고 선 '궨당'이어서가 아닐까 해요. 제주 사람들은 아주 먼 촌수의 친지 일도 발 벗고 도왔거든요. 제주에서는 일가친척을 통칭하여 '궨당'이라고 합니다. 부모 양쪽의 본가, 처가, 시가, 어느 한쪽에 치우침 없이 동등한 관계를 이루었고요. 그래서 성별과 촌수 구별 없이 두루 일컫는 표현도 존재합니다. 바로 '삼춘'이에요. 어른을 친근하게 부를 때도 사용해요. 점차 사라지는 제주 고유의 호칭이지만, 제주의 식당이나 시장에서는 여전히 사장님 대신에 "삼춘" 하고 많이들 부른답니다.

그 어느 때보다 개인화된 세상이지만, 각양각색의 공동체가 존재하는 시대이기도 합니다. 그 속에서 우리는 취향과 관심사를 나누며, 함께 공부하여 나아갈 방향을 모색하고, 때로는 같은 아픔을 지닌 이들과 서로의 상처를 보듬기도 해요. 도움이 필요한 곳을 찾아 각자 가진 재능으로 힘을 보태죠. 때때로 내 존재가 고립된 듯 여겨지거나 홀로 해나가는 것이 벅차다면, 이제 누군가와 함께하고 싶다고 우리의 마음이 신호를 보내는 건지도 모릅니다.

**"수눌엉 헤봄이 어떵ᄒᆞ우꽈?"**

갈이 거들면서 해보는 게 어때요?

기꺼이 곁을 내어주고 등을 받쳐주는 이들이 있다면, 누군가에게 그런 사람이 되어준다면, 우리의 삶은 좌초하지 않을 거예요.

악기 연주, 그림, 운동, 베이킹… 여러 핑계로 미루었던 '배움'에 도전해볼까요.
마음에 맞는 이들과 함께 배우면 더할 나위 없겠지만,
모두에게 열려 있는 소모임을 찾아보는 것도 방법입니다.
그렇게 시작된 인연이 나의 새로운 '권당'이 되어줄지도 모르니까요.

# “가근훈 벗, 느영 나영”

다정하고 친한 벗, 너랑 나랑

옛것과 새것, 사라진 것과 사라질 것. 보존과 개발의 갈림길에 놓인 섬처럼 우리가 맺은 관계의 지형도 선택을 거듭하며 풍경을 바꿔갑니다. 때로는 그저 사느라 허둥거렸을 뿐인데도, 시간은 관계를 변화시키고 낯선 자리로 서로를 옮겨놓지요. 간절한 바람, 의지와는 상관없이요. 어떤 사이는 매일 들여다보는 자신의 얼굴 같아서 시간이 오래 지나서야 돌이킬 수 없는 변화를 실감하게 되며, 속수무책으로 자울어기울어지기도 합니다. 사람이 살지 않는 집처럼, 쓰이지 않는 언어처럼, 마음 떠난 관계도 한때의 풍요와 생기를 잃고 사그라지죠.

하지만 시간이 지날수록 더 깊은 빛을 내는 사이도 있어요. 물리적인 거리도 흘러버린 시간도 훌쩍 뛰어넘어 언제나 예전 그대로인 듯 느끼게 하는, 우리의 오랜 벗들 말이에요. '느영 나영**너랑 나랑**' 그렇게 함께라면 무엇을 하든 기꺼웠던, '다정하고 친한' 사이. 제주어로는 '가근ᄒᆞ다'고 표현합니다.

모든 관계는 마치 여행과 같아서, 시작되는 그 순간 가장 들뜨고 설레는 듯하지요. 한 손에는 기대를, 다른 한 손에는 실망을 쥐고 신중하게 첫발을 떼지만 마음은 온통 낙관에 젖어들어요. 그 벅찬 순간이 지나면 발가락의 물집 터뜨리고 발꿈치에 굳은살 박으며 묵묵히 걷게 되더라도 말이에요. 관계를 이어가는 여정 속에서 때로 예기치 못한 일을 겪게 될 수도 있습니다. 기대를 저버리는 상대의 모습에 망연해질 수도 있겠지요. 그럼에도 길을 걷는 매 순간을 충실하게 음미할 수 있다면, 우리는 그런 여행의 동반자로 '가근흔' 벗들을 얻게 될지도 몰라요.

**"가근흔 벗, 느영 나영."**

다정하고 친한 벗, 너랑 나랑.

오늘은 친구에게 안녕을 물어볼까요. 이제는 기억 속에만 남은 가근한 친구가 있다면, 전하지 못할 편지를 이곳에 남겨보세요. 그 시절 채 주지 못한 마음을, 해묵은 감정을 오롯이 풀어놓는 거예요. 그렇게 잘 떠나보낸 자리에 새로운 관계를 맞아들일 수도 있으니까요.

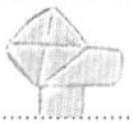

가을, 나에게 불어오는 마음

# ᄀᆞ슬, 나신디 불어오는 ᄆᆞ음

# “ᄀᆞ슬ᄇᆞ름이 산도롱ᄒᆞ우다”

가을바람이 선선하네요

풍광風光은 바람과 빛으로 만들어집니다. 제주의 풍광에서 빠트릴 수 없는 것도 역시 ᄇᆞ름바람. 이 ᄇᆞ름을 아름답게 감각할 수 있는 계절은 아무래도 ᄀᆞ슬가을이 아닐까 해요. 봄바람은 싱그러우나 화사한 봄빛에 밀립니다. 여름 바람은 푹푹 찌는 더위를 식혀주니 감상보다는 감사의 대상이지요. 겨울바람은 또 어떤가요. 온몸의 감각을 마비시키고 혼을 빼놓지요. 하지만 가을바람은 다른 것 같아요. 메마른 마음에도 서정적 파란을 일으키곤 합니다.

제주어 '산도롱ᄒᆞ다'는 '싸느랗다, 조금 차거나 선선한 기운이 있다, 시원하다'를 뜻합니다. 폐를 가득 채우는 차고 맑은 공기가 과실처럼 달게 느껴지는 시간. 서늘한 대기 속에서 빠르게 영글어가는 가을. 이 계절에는, 비스듬히 고개 숙인 억새밭 사이로 ᄇᆞ름질바람길을 읽을 수 있습니다. 사방으로 휘청거리는 바람의 춤사위를 볼 수 있지요. 바람결에 메밀꽃 이는 바다, 윤슬처럼 반짝이며 일렁이는 메밀꽃밭, 우아하게 군무 추는 갈대들. 이 모두가 '산도롱ᄒᆞᆫ' 가을의 풍광입니다.

오늘 나의 마음 풍광은 어떠한가요. 적당히 빛이 들고 바람이 불고 있나요. 밤낮 애쓰는 삶 속에서 마음은 종종 빛을 잃고 탁해지곤 해요. 그런 날을 위해 우리는 아름다운 장면들을 채집하나 봅니다. 단조로운 공간에 갇혀 일상이 풍경을 잃을 때 하나씩 꺼내 들어 하루치 빛과 바람을 더할 수 있도록요.

오늘의 정서를 책임질 장면 하나를 풍경화처럼 걸어두면 어떨까요. 마음을 온화하게 물들이는 빛, 그리고 산도롱한 바람의 풍경에서도 위안을 얻을 수 있을 거예요. 우리의 삶이 보다 다채로운 풍경들로 채워지면 좋겠습니다.

**"ᄀᆞ슬ᄇᆞ름이 산도롱ᄒᆞ우다."**

가을바람이 선선하네요.

운동화 끈을 단단히 매고 무작정 집을 나서볼까요.
산책하기 좋은 날이라면 더할 나위 없겠지만, 아니어도 어때요?
오늘만이 줄 수 있는 빛과 바람이 나의 걸음을 색다르게 만들어줄 거예요.

산책길에서 유난히 눈을 사로잡는 풍광이 있다면 짧은 영상이나
사진 속에 담아놓고 어떤 점이 마음을 끌었는지 기록으로 남겨두세요.
그렇게 채집해둔 아름다움으로 미래의 내가
어제와 다른 오늘을 보낼 수 있을지도 모르니까요.

# “오소록한 디 곱져불언”

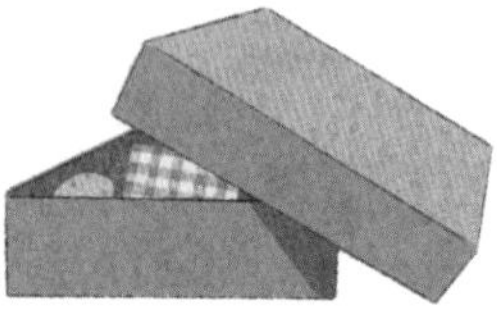

깊숙이 구석진 곳에 숨겨버렸지

아무도 모르는 곳에 보물 하나 묻어두고 돌아서는 마음. 어디 갔다 왔느냐고 누군가 넌지시 묻는다면, 시치미 떼면서 슬며시 미소짓고 싶어지는 마음. 그런 마음을 알고 있나요. '오소록한' 곳은 그런 마음을 일으키지요.

구석져서 사람들의 발길이 드물어 한갓진 곳. 깊숙이 들어앉아 으슥하게도 느껴지지만, 특유의 고요함에 저절로 발걸음이 멈추는 곳. 혹은 성미가 되바라지지 않고 차분한 사람. 그래서 사람들의 눈길을 요란하게 끌지 않는데 이상하게 마음이 가는 사람.

그런 곳과 사람을 두고 제주에서는 '오소록ᄒᆞ다'고 합니다.

아무와도 나누고 싶지 않은 마음들이 있습니다. 어떤 소망은 은밀하게 간직하고 싶어요. 어떤 아름다움은 나만 알고 싶고요. 내 어둑한 마음을 밝혀준 작은 빛이 세상의 빛에 묻혀 혹여 스러질까 봐요. 마음 깊은 곳에 봉인해둔 내밀한 기억과 차마 버리지 못해 간직해둔 감정들도 있습니다. 이 모든 비밀들을 곱지기숨기기 좋은 곳도 '오소록훈' 곳이지요.

**"오소록훈 디 곱져불언."**

깊숙이 구석진 곳에 숨겨버렸지.

첫 감동이 바랠까 봐
아껴 듣는 노래,
누구와도 마주치고 싶지 않은
나만의 아지트,

내 마음이 밑줄 쳐진 바람에
아무에게도 빌려줄 수 없는 책,
나만 알고 싶은 인생 영화….

그런 비밀들을
이곳에 숨겨볼까요?

# “이디 왕 절 소리 들어봅서”

여기 와서 파도 소리 들어봐요

제주 창조 신화를 들어보신 적 있나요? 옛날 옛적, '설문대할망'이라는 창조신이 하늘과 땅을 가른 뒤 섬을 만들었다고 해요. 설문대할망이 한라산을 쌓다 흘린 흙덩어리들은 수백 개의 오름이 되었고요. 이 여신이 얼마나 거대한지 한라산을 베고 잤고, 마라도에 발 딛고 앉아 우도를 빨래판으로, 성산 일출봉을 빨래통으로 삼았다고 하네요. 너른 바다와 오뚝하니 솟은 섬을 하늘 높이 설문대할망의 시선으로 부감할 때면, 그의 손길에서 탄생한 제주의 모든 것에 바다가 스며들었을 것 같아요. 설문대할망이 섬 한 귀퉁이를 떼어 쥐어짜면 큼직한 손가락 사이로 푸른 바닷물이 뚝뚝 떨어질 듯도 해요.

제주어로 바다는 '바당', 파도는 '절'이라고 합니다. 파도치는 건 '절치다', 파도 소리는 '절 소리'라고 하지요. 제주어에서도 '절치는 바당'을 느낄 수 있습니다. 흐르난흐르니까, 흘렁흘러서, 흐르곡흐르고, 흘런흘렀지…. 말을 잇고 끝내는 어미들은 그 흐름을 더욱 굴곡지게 만듭니다. 구절구절 파도를 타고 움직이는 것만 같지요. 부드럽게 밀려와 둥글게 말리다가 허공을 찰싹 때리며 누그러지는, '절 소리'.

**"하영 버쳣수과? 이디 왕 절 소리 들어봅서."**

많이 지쳤나요? 여기 와서 파도 소리 들어봐요.

잔잔하게 푸르른 나날이 계속되면 좋으련만, 인생의 날씨는 바다처럼 변화무쌍합니다. 집채만 한 파도에 그만 난파되어 어두운 밤바다를 표류하기도 하지요. 그럴 때면 앞선 이들의 인생담이 등대가 되어주기도 합니다. 인생의 모든 날씨를 살아낸, 평범하지만 위대한 할망할머니들이 우리 가까이 있어요. 그들이 자아내는 '절 소리'에 귀기울여 보아요. 파도치는 삶의 이야기가 때로는 거칠고 투박하게, 때로는 구성지고 멋들어지게 우리의 귀를 적시고 마음 깊이 스며들 거예요. 그들에게서 다시 바다로 돌아갈 힘을, 파도를 헤쳐나갈 소박하지만 귀한 지혜를 얻을지도 모릅니다.

우리 주위에는 삶의 다양한 현장에서 묵묵하게 살아오신 분들이 계시지요.

간병인으로 일하던 72세 때 모델 학원에 등록,
75세의 나이로 데뷔하신 시니어 모델 최순화 님은
도전에는 정해진 때가 없고 다만 용기가 필요함을 알려주십니다.

퇴임 후 '여백서원'을 지어 문학 공부 공동체를 실현 중이신 괴테 석학
전영애 님은 공부와 나눔의 가치를 가르쳐주시고요.

70세에 한글을 배워 80세에 시인이 되고 90세가 되어도
여전히 시를 쓰고 그림을 그리는 황보출 님, 4·3을 비롯한 삶의 곡절들을
후대를 위해 생생한 제주어로 시 속에 보존하신 황금녀 님,
이 두 분의 시인은 우리에게 자신이 가진 언어가 얼마나 귀한지,
세상을 따뜻하게 바라보는 시인의 시선이 얼마나 아름다운지 보여주십니다.

인생의 큰언니로 모시고 싶은, 멋진 할망들의 이야기를 더 찾아볼까요.
내가 생활인으로서 품고 있는 질문의 답을 이야기 속에서 구해보세요.

# “시간이 ᄒᆞᆫ쏠 걸리쿠다, 이땅 보게마씀”

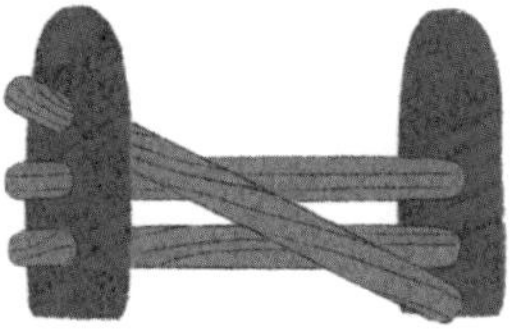

시간이 좀 걸리겠네요, 나중에 봐요

예로부터 제주는 '도둑, 거지, 대문'이 없다 해서 '3무'의 섬으로 불렸습니다. 나지막한 돌담으로 이뤄진 좁은 올레를 걸어 집의 입구에 도달하면, 대문이 있어야 할 자리에 대신 '정주석'과 '정낭'이 있었죠. 입구 양편에는 큼직한 돌기둥인 '정주석'(혹은 나무로 만들어진 '정주목')을 놓았고요. 양쪽 정주석의 구멍에 '정낭'이라 불리는 길쭉하게 굵은 나무 세 개를 끼워 넣어 대문 아닌 대문처럼 사용했습니다. 타인의 출입을 경계하고자 함이 아니라 방목하던 소와 말이 집에 들어서는 걸 막기 위한 것이었으며, 오히려 집에 사람이 있고 없음을 대놓고 드러내는 신호이기도 했지요. 걸쳐진 정낭이 한 개라면 주인이 인근에 있음을, 두 개라면 외출하여 돌아오기까지 시간이 제법 걸림을, 세 개라면 아주 멀리 출타하여 오래 집을 비운다는 뜻이었답니다. 만약 세 개 모두 내려두었다면 주인이 집에 있다는 표시였어요. 이렇게 정낭은 자신을 찾는 이에게 보내는 메시지였지요.

**“시간이 ᄒᆞᆫ쏠 걸리쿠다. 이땅 보게마씀.”**

시간이 좀 걸리겠네요. 나중에 봐요.

주인은 연락이 닿지 않는 사정을 유연하게 알리고, 손님은 느긋하게 받아들여요.

우리는 소통의 효율성을 위해 마음의 여유라는 대가를 치러버린 걸까요. 모두와 이어질 수 있지만 또 모두와 단절되고 싶기도 합니다. 내 사정을 고려하지 않은 연결을 독촉받는 마음은 피로해지기 마련이니까요. 그럴 때면, 마음에도 정낭 걸어두듯, 내내 열려 있는 소통의 창을 평화롭게 닫아두는 거예요. 닿지 않는 타인의 사정에는 기다림의 긴 호흡을 연습해봐도 좋겠습니다. 마음의 느긋함이 일상의 속도로 자리잡을 때까지요.

아무와도 연결되지 않는 자유를 누려보면 어떨까요. 휴대폰은 과감히 집에 놔두고서 다이어리 하나 들고 반나절 여행을 떠나보는 거예요. 카페 창가에 앉아 아주 조금씩 달라지는 거리 풍경으로 시간의 흐름을 느껴보는 것도 좋아요.

# “ᄒᆞ쏠 앵그려보카마씀?”

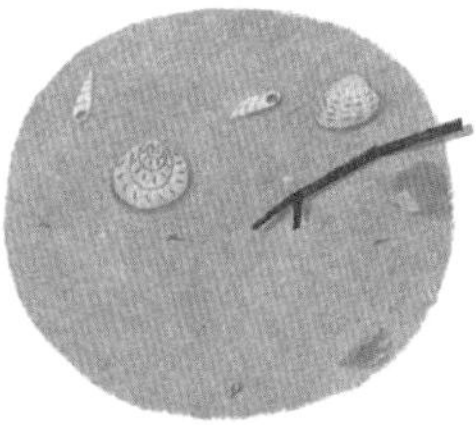

낙서 좀 해볼까요?

어떤 흔적이든 새겨놓고 무엇으로든 '앵그리고' 싶어지는 것들이 있어요. 아무도 밟지 않은 눈밭, 물이 빠져 텅 빈 백사장, 점심시간의 교실 칠판, 담벼락 구석, 순백의 벽지. 이 모두가 백지의 매혹으로 우리의 손을 끌어당기지요. 제주어 '앵그리다'는 '낙서하다'를 뜻합니다. 이런 낙서에는 우리 모두 일가견이 있지 않나요.

꼭 도화지 같은 공간에만 앵그리고 싶은 건 아닌 듯해요. 마음이 무언가로 빠듯하게 차 있을 때, 상념이 얼기설기 얽혀 있을 때, 앞을 보고 달려가는 나날에 뿌듯하다가도 하루치로 쪼개져 반복되는 일상에 한숨이 나올 때…. 그런 날이면 우리에게 어떤 부담도 안기지 않는 여백에 저절로 마음이 옮겨가지요. 할 일이 가득 적힌 스케줄러, 수험서나 교과서에서도 페이지 귀퉁이같이 빈 곳을 마음이 저 알아서 찾아갑니다. 동그라미는 채우고, 작대기는 잇고, 네모는 둥글리고, 나도 모르게 속마음을 부려놓고 지워버리기도 하죠. 의미 없어 보이는 낙서들이라고 해서 전부 무의미한 것만은 아닐 거예요.

그런 낙서의 시간이 영감을 주거나, 감정을 덜어내거나, 에너지를 더러 채워주기도 하니까요.

**“ᄒᆞᆫ쏠 앵그려보카마씀?”**

낙서 좀 해볼까요?

마음을 죄어놓는 일들에서 벗어나 '쉬는 시간'을 가져볼까요. 계절감을 살려 다이어리나 책상을 새로이 꾸며봐도 좋겠고요. 눈에 안 띄는 방구석 어딘가에 귀여운 낙서를 남겨두면 미래의 내가 우연히 발견하여 유쾌해질 수도 있겠네요. 혹은 마음을 비우기 위해 백지를 낙서로 채워보는 거예요. 참, 종이의 질감에 딱 맞는 필기구를 찾는 일도 낙서의 묘미를 더해주겠네요. 우선은 마음에 드는 펜으로 이곳에 마음껏 앵그려보세요!

# “와, 제라ᄒᆞ다이!”

와, 진짜 제대로 잘하네!

세련되고 정교한 화술이 없더라도 대화의 흐름을 매끄럽게 이어가는 요령이 있습니다. 적재적소에 추임새를 넣어주는 거예요. 이러한 이음새 같은 표현들이 제주어에도 있는데요. “기(꽈)?”, “게매(마씸)!”, “제라ᄒᆞ다!” 등이 그러합니다.

‘기(여)’는 기본적으로 ‘그래’와 용법이 같아요. 감탄하거나 놀라움을 표할 때는 “기이?그래?”, “기꽈?그래요?”라고 하면 돼요.

'게매(마씸)' 또한 상대의 말을 수긍할 때 쓰이는데요. "게그럼", "게게아, 그렇다니까", "게매(마씸)그러게(요)" 등으로 사용할 수 있겠네요. 표준어의 '글쎄'처럼, 상대와 의견이 다르더라도 이를 드러내지 않고서 적당히 맞장구칠 때도 '게매'를 사용합니다.

상대의 흥을 가장 크게 돋우는 건 칭찬 같은 추임새겠지요. 제주어 '제라ᄒᆞ다'는 사전적 의미론 '제격에 알맞다, 온전하다'는 뜻인데요. 어떤 것이 '제대로' '진짜배기'일 때 '최고'라는 뉘앙스를 담아 감탄하고 싶다면 이 표현을 쓰면 됩니다. (요즘에는 '제라지다'라고도 활용되는 듯해요.)

**"와, 제라ᄒᆞ다이!"**

와, 진짜 제대로 잘하네!

두 눈 반짝이며 한 번씩 웃음 터뜨리고 손뼉 치며 고개 끄덕이는 것. 누군가의 이야기에 몰두하고 있음을 보여주는 건 그리 어렵지 않아요. 때로는 본능처럼, 혹은 습관처럼 하고 있지요. 그러나 정작 자신에게 공감과 경청의 자세를 보여주는 건 소홀한 듯합니다. 자신에게는 유독 야박하여 칭찬과 응원의 말 또한 인색해지곤 해요.

내 안에서 들려오는 추임새야말로 가장 크게, 아주 오래도록 나를 북돋을 거예요. 그러니 홀로 드러내는 속내에 "게매그러게" 맞장구쳐주고요. 스스로 딛은 작은 행보에도 "제라ᄒᆞ다이!아주 잘하네!" 하고 감탄해주면 어떨까요. 그 말들에 힘입어 삶의 이야기를 흥겹게 이어갈 수 있도록 말이에요.

어떤 이야기는
듣는 이의 가슴에
묵직하게 얹힐까 봐
가까운 이에게도
털어놓지 못하죠.

귀기울여주는 사람이
간절하게 필요한 순간에조차
내 감정이 짐이 될까 봐
이야기를 삼키곤 합니다.

오늘은 내게 잘하고 있다는 응원과, 그간 내가 해낸 것에 대한 칭찬을 스스로에게 들려줄까요? 혹여 다른 이들에게 걱정을 끼칠까 차마 꺼내지 못한 말도 적어보고요. 이야기의 끝에는, '그럼에도 나는 나 자신을 믿는다'는 지지의 메시지도 꼭 남겨주세요.

# “맨도롱 ᄄᆞᄄᆞᆺᄒᆞ난 막 좋수다”

따스해서 정말 좋네요

육지에서도 비교적 많이 알려진 제주어 '맨도롱 ᄯᅩᆺᄒᆞ다'는 온도의 차이가 미묘하게 다른 두 단어로 이뤄져 있어요. '맨도롱ᄒᆞ다'는 '물이나 방바닥 따위에 더운 기운이 조금 있는, 매지근한' 상태를 뜻하는 형용사이고요. 'ᄯᅩᆺᄒᆞ다'는' 따뜻하다'는 뜻의 형용사예요. 매지근함에 따뜻함이 더해져 있으니 당연히 뜨겁지도 그렇다고 아주 따뜻하지도 않은 온도이겠지요. 하지만 거의 식어버린 것만 같은 뜨뜻미지근함이 아니라, 여전히 따스함 쪽에 기울어진 상태 같아요. 그래서 마시거나 몸을 담그기에도 적당하며, 바깥바람에 차게 식은 몸을 녹이기에도 알맞은, 내 몸에 딱 맞춤한 따뜻함을 표현하기에 참 좋은 말이라 생각됩니다.

그 옛날, 행여 식을까 봐 할머니가 아랫목 이불 속에 넣어뒀던 밥공기. 허기를 채우느라 허겁지겁 먹어도 괜찮은 온도의 국밥. 혀를 델까 적당히 식혀 내놓는 따뜻한 보리차. 한겨울 얼어붙은 몸을 찬찬히 데우는 목욕물. 꽃샘추위며 잎샘추위며 겨울의 흔적을 이제 막 떨쳐내고 사방에서 꽃망울 터뜨리는 봄볕….

다정에도 온도가 있다면 이와 같지 않을까요.

누군가의 섬세한 마음 씀씀이에 속절없이 녹아내리는 건, 그의 다정이 내가 소화하기 적당한 온기를 지녀서가 아닐까 해요. 누군가가 자신을 억지로 데워서 나눠주는 온기라면 상대가 마음껏 내주기도, 내가 선뜻 받기도 쉽지 않겠지요. 그러니 친밀한 거리를 유지한 채 부담없이 주고받는 다정함야말로, 어쩌면 '맨도롱 또똣ᄒᆞ지' 않을까 합니다.

오늘 나의 마음은 어떤 온도를 바랄까요.

**“맨도롱 ᄄᆞᄄᆞᆺᄒᆞ난 막 좋수다.”**

따스해서 정말 좋네요.

사소한 말과 행동에도
마음이 따스해졌던 경험을 떠올려볼까요.
그런 다정한 순간을 오래 기억할 수 있도록 기록으로 남겨봅시다.
마음에 온기가 필요할 때 다시 찾아 읽어보아요.

# 저슬, 날 지키는 ᄆᆞ음

# “오고셍이
# 잘 지켜져시민 좋쿠다”

고스란히 잘 지켜졌으면 좋겠어요

겨울철 제주 북부 해안의 바람은 혹독합니다. 바다를 마주하면 소금기 어린 칼바람에 피부가 저미는 듯하고요. 한라산 방향을 보자니 머리카락이 얼굴을 휘감아 날리는 통에 넋이 빠질 정도입니다. 북서 계절풍의 위압적인 기세는 해안선을 따라 자리잡은 나무들의 모양만 봐도 알 수 있어요. 하나같이 한라산을 향하여 허리를 휘청 구부린 채 가지들을 뻗고 있답니다. 북쪽 마을 곳곳에 심긴 폭낭팽나무이 바로 그 예라 할 수 있지요. 제주의 대표적인 정자나무이자 당산나무로서 오래도록 마을을 지켜온 이 나무는 육지의 팽나무와는 수형이 퍽 다르거든요. 팽나무는 본래 성장이 좋고 사방으로 잎이 울창하여 풍채가 우람합니다. 녹음이 풍성한 자태와 서늘한 그늘을 즐기기에 그만이지요. 하지만 제주 북부의 폭낭들은 바람의 손길을 타서 한 방향으로 심하게 치우쳐 있어요. 추위와 해풍에 강한 나무라지만 바람에 떠밀려 성장할 수밖에 없었을 거예요.

허리가 꺾일지언정 방풍수로서도 제 몫을 다하는 폭낭을 보면 척박한 환경에서도 강건하고 묵묵히 살아온 제주 어르신들이 떠오르곤 합니다. 역사의 상흔과 상실 없이 마냥 푸르렀다면 좋았을 젊음을 생각해보게 돼요. 본바탕 그대로 '오고셍이' 자라는 건 이다지도 벅찬 일일까요.

제주어 '오고셍이'는 '물건이 상하거나 수가 줄거나 하지 않고 본디 그대로, 고스란히'를 뜻합니다.

우리는 살다 보면 원치 않는 환경에 놓이기도 하지요. 마음의 형태를 뒤트는 바람이 불어대기도 하고요. 가고자 하는 방향과 다른 바람을 하릴없이 타기도 합니다. 어쩌면 잠시 바람을 등지고서 몸을 굽혀야 할지도 몰라요. 하지만 그 바람 속에 너무 오래 머물지는 말았으면 해요. 우리가 끝내 나아갈 방향은 마음자리를 지킬 수 있는 쪽이어야 할 테니까요. 바람이 세차게 부는 시절, 우리에게 무엇보다 필요한 것은 용기인지도 모르겠네요. 나를 '오고셍이' 지키겠다는 마음, 담대히 결단하는 마음이요.

**"오고셍이 잘 지켜져시민 좋쿠다."**

고스란히 잘 지켜졌으면 좋겠어요.

마음이 지나치게 한쪽으로 쏠려 있진 않은지,
마음 한 귀퉁이가 닳고 있진 않은지
두루 살피며 지내면 좋겠어요.

감정 일기를 꾸준히 쓰면 도움이 될 거예요.
그리고 어떤 감정의 단어가
유난히 많이 등장하는지 살펴보세요.

내가 자주 사로잡히는 감정을
적극적으로 탐구해보는 것도 마음을
지키는 방법이랍니다.

# “우리 똘덜이 읏망진 이유가 이서신게양”

우리 딸들이 영리하고 야무진 이유가 있었군요

1만 8천여 신들의 이야기가 있다 하여, 제주는 '신들의 고향'이라 불리기도 하는데요. 신화와 삶이 어떻게 겹쳐지는지를 여신들의 존재에서 엿볼 수 있어요. 제주 창조 신화의 주인공인 설문대할망, 바람과 바다의 신 영등할망, 농경의 신 자청비, 운명의 신 가믄장아기…. 여신들은 개성 강한 옛이야기의 중심을 차지할 뿐 아니라 비중과 역할 면에서 가히 압도적이랍니다. 이는 제주 여성이 가정과 지역사회에서 차지해온 위상을 가늠해 보게 하지요. 어업, 농업, 목축, 상업. 여성들의 노동은 집 안팎 모든 곳에서 적극적으로 이뤄졌고 독립된 개인으로서의 역량을 쌓게 하는 기반이 되었어요. 일제 강점기의 최대 여성 항일 운동이었던 '제주 해녀 항쟁'은 역경을 극복하려는 제주 여성들의 강인한 투쟁 정신 또한 여실히 보여줍니다.

농사짓기에 열악한 거친 땅과, 때로는 목숨까지 걸어야 하는 바다. 쉴 새 없는 고단한 노동의 대가는 가족의 생계를 책임질 수 있는 경제력으로 오롯이 되돌아왔습니다. 어쩌면 제주라는 섬이 그들에게 안겨준 가장 큰 재산은 삶을 주도하려는 의지, 격랑 속에서 단련되는 마음의 근육, 경제적이고 심리적인 자립에서 오는 긍지가 아닐까 해요. 그런 어머니들을 보고 자란 딸들은 '야무지고, 똑똑하기'가 이를 데 없지요. 이를 두고 제주에서는 'ᄋᆢᆸ망지다'고 표현합니다. 발음이 비슷하게 들리는 표준어 '요망하다'와는 전혀 다른 뜻이죠.

제주의 여성들을 떠올리면 나무가 떠오르기도 해요. 나무의 중심부 가장 안쪽은 '심재'라 불리는데요. 시간이 오래 지나 조직은 죽었지만, 충과 균에 강하고 강도도 높은 이 심재가 나무를 물리적으로 지탱한다는군요. 신화 속 주인공이든, 역사 속 인물들이든, 어떤 이들의 삶은 후대의 삶 속 단단한 심재가 되어주는 것 같아요.

스스로 책임지는 삶은 결단코 쉽지 않습니다. 하지만 먼저 이 고달픈 삶의 여정에서도 가치와 배움을 얻어낸 그들처럼, 우리 또한 얻을 수 있겠지요. 그렇게 매일 더 강건해질 겁니다. 우리는 'ᄋᆢ망진' 딸들이니까요.

**"우리 뜰덜이 ᄋᆢ망진 이유가 이서신게양."**

우리 딸들이 영리하고 야무진 이유가 있었군요.

어깨에 짊어진 일은 무거워지는데 마음이 유난히 물러질 때가 있지요. 그런 순간에 되뇌는 것만으로 마음의 고삐가 바짝 당겨지는 문장을 갖고 있나요. 내 마음속 단단한 심재가 되어주는 말은 누군가의 진심 어린 조언이거나 애정 담긴 격려, 과거의 굳은 다짐 혹은 책 속 문장일 수도 있겠죠. 언젠가 나를 버티게 해주었거나 지금의 나를 지탱하는 말들을 적어보세요. 시절마다 마음의 나이테에 새겨진 말들을 모아보는 것도 의미 있는 기록이 될 거예요.

( )

( )

( )

( )

( )

( )

( )

( )

# “독세기는 멘들락,
# 고넹이 발바닥은 문지락”

달걀은 매끈하고,
고양이 발바닥은 보들보들

제주의 말에는 촉감 언어가 많아요. 돌은 어글락다글락울퉁불퉁, 모시옷은 가슬락가슬락까끌까끌, 갯벌은 발착발착질퍽질퍽합니다. 손에 놓고 자꾸 굴리고 싶은 촉감도 있지요. 둥글한 유리 문진이나 정오의 햇살을 받아 따뜻해진 몽돌은 멘질멘질매끈매끈합니다. 이렇게 '작은 물체가 울퉁불퉁한 데 없이 둥글고 매끈한' 것을 '멘들락ᄒᆞ다'고도 해요. 마냥 조몰락거리고 싶은 촉감을 표현하는 말도 있어요. '문지락ᄒᆞ다'는 '만지거나 주무르기 좋게 보드랍거나, 성질이 부드럽고 순한' 것을 표현하는데요. 동백꽃의 보드라운 꽃잎, 한기를 뚫고 움튼 연둣빛 새순, 물애기갓난아기의 뽀얀 발뒤꿈치, 솜털이 보송보송한 아이의 귓불, 보들보들한 애착 담요, 고양이의 토랑토랑ᄒᆞᆫ토실토실한 뱃살…. 마음을 한순간에 훔쳐버리는, 연하고 보드랍고 순한 것들을 모두 '문지락ᄒᆞ다'고 할 수 있겠네요.

마음의 촉감도 또렷하게 감각할 수 있다면 참 좋겠는데요. 울퉁불퉁한 마음은 살살 어루만져 주고, 바짝 곤두선 마음의 결은 가지런히 눕혀주는 거예요. 본래의 순하고 부드러운 마음새를 되찾을 수 있도록요. 손길을 줄 수 없다면, 그저 가만히 들여다봅니다. 너무 차갑고 거칠고 딱딱한 마음이 들어앉아 있지 않은지 찬찬히 살펴봐요. 그러곤 마음을 달래는 일에 골몰해보지요. 햇빛 샤워를 받고 따끈해진 고양이처럼 마음이 녹진녹진 풀려서 마침내 '문지락헤지게' 말이에요.

**"독세기는 멘들락ᄒᆞ고, 고넹이 발바닥은 문지락ᄒᆞ지."**

달걀은 매끈하고, 고양이 발바닥은 보드랍지.

귀여운 것,
사랑스러운 것,
부드러운 것.

주위를 둘러보면 우리를 기분 좋게 만들어주는 것들이 다행히도 참 많지요.
오늘은 내 마음을 순하게 만들어주는 것들을 찾아볼까요.
문지락한 것들로 나긋한 시간을 보내길 바라요.

# “재기재기 다울리지 맙서”

**빨리빨리 재촉하지 마세요**

어떤 성장은 하룻밤 만에도 가능할지 모릅니다. 때로 단계를 뛰어넘는 도약이 이뤄지기도 하지요. 두 번의 폭발적인 성장으로 우리 몸이 눈에 띄게 달라지는 것처럼요. 그런 몸이 하는 일은 쏟아부은 시간에 정직하게 보답하곤 합니다. 하지만 마음은 유독 더디게, 아주 더디게 자라는 듯 보여요. 흘러버린 시간에 비해 내 마음은 아직 덜 여문 채로 저만치 뒤처진 것만 같습니다. 그럴 때면 재기재기빨리빨리 하라고 마음을 다울리고 싶어져요. 제주어 '다울리다'는 '재촉하다'라는 뜻입니다.

태양이 지나가는 길을 따라 일 년은 스물네 개의 마디를 갖게 되지요. 바로 '절기'입니다. 대략 보름마다 바뀌는 절기는, 옛사람들이 자연의 순환하는 리듬에 맞춰 어떻게 살아왔는지를 보여줘요. 시간을 대하는 태도 또한 살펴보게 하고요. 제주에서는 바다를 밭처럼 일군다고 하여 '바다밭'이라 부르는데요. 이 바다밭 속 해녀들의 삶도 모든 일에는 적절한 때가 있음을 가르쳐줍니다. 해녀들은 보름마다 물때를 헤아려 물질을 해요. 시간과 물의 흐름을 따르는 것은 더할 나위 없이 중요합니다.

하루, 절기, 계절, 한해, 일생. 모든 시간의 마디들이 시작과 끝을 지녔고, 서로 맞물려 하나로 순환합니다. 하지만 시간이 촘촘히 나뉘어져 있는 덕분에 우리는 마디마다 한숨 돌리며 다음의 시간을 준비하게 됩니다.

때로 어떤 시기의 나는 주저앉아 있는 듯, 변화 없이 정체된 듯 보일지라도, 우리 마음은 다음의 시간을 준비하고 있을지 몰라요. 성장이 아닌 성숙의 속도에 맞춰진 채로요. 길을 잃지 않도록 시시로 돌아봐준다면, 변화의 절기마다 필요한 손길을 보태준다면, 어느덧 깊어지고 무르익게 될 테지요.

**"재기재기 다울리지 맙서."**

빨리빨리 재촉하지 마세요.

제 속도에 맞춰 잘 따라오고 있답니다.

지금 어떤 절기를 앞두고 있나요.
다가오는 절기를 핑계 삼아 제철 음식으로
몸을 보양하면서 그 절기가 품고 있는
옛 지혜를 찾아보면 어떨까요.

예를 들면, 양력 12월 7일 혹은 8일경에 찾아오는 '대설大雪'은 가장 많은 눈이 내린다는 절기예요. "눈은 보리의 이불이다"라는 옛말이 있는데요. 보리밭을 하얗게 덮을 만큼 내린 큰 눈이 추위로부터 보리를 보호하여 보리 풍년이 든다는 걸 의미한다네요. 그러니 큰 눈이 내린다 하여 너무 염려하지 말기로 해요. 저마다 때가 있고, 모든 때는 그 의미가 있으니까요.

# “지픈 디 숨비당 나오민 숨비소리가 절로 나와마씀”

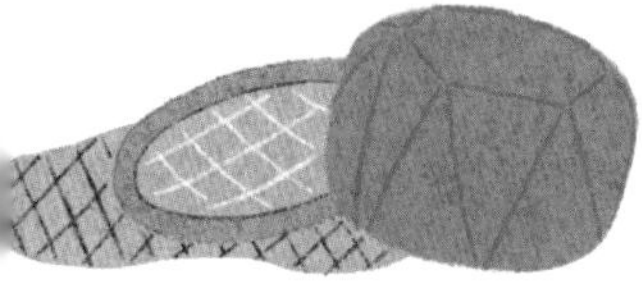

깊은 데 잠수하다 나오면
숨비소리가 저절로 나와요

해녀는 '잠녀', 혹은 '좀녀'라고도 불립니다. 잠녀들이 물질하기 위해 숨을 죽이고 깊은 물속으로 들어가는 것, 제주에서는 이를 일컬어 '숨비다'라고 하지요. 그리고 마침내 바다 위로 떠올라 물속에서 참았던 숨을 내쉬는데요. 마치 숲속에서 들릴 법한 새소리 혹은 휘파람 같은 소리가 물결을 따라 울려 퍼집니다. 바로 '숨비소리'예요. 또는 '솜비질소리'라고도 해요. '솜비질'은 몹시 피곤하거나 한탄할 일이 있을 때 길게 소리 내어 숨을 내쉬는 것을 뜻합니다.

숨을 깊이 토해내어 빈자리를 다시 맑은 숨으로 가득 채우는 일, 노곤한 육신과 해진 마음에 숨을 불어넣는 일은 깊은 한숨처럼 긴 울림을 만들어 내나 봅니다.

모든 일터가 그러하듯이 잠녀들에게 바다는 낭만적이지 않습니다. 희미하게 밝아오는 어둑새벽처럼 물속은 고요하고 차갑지요. 그들은 몸을 의지할 공 모양의 작업 도구인 '테왁' 하나 물에 띄워놓은 채 빛을 등지고 시퍼런 어둠 속으로, 삶의 현장인 바닷속으로 들어갑니다. 한 줌의 숨을 가슴속에 끌어안고 손으로 더듬어가며 바다라는 밭을 살피지요.

우리에게도 저마다 그런 바다가 있고, 그렇게 '숨비는' 순간이 있을 거예요. 푸르스름한 새벽 거리를 눈앞에 두고 저절로 깊은숨을 들이켜게 될 때, 무언가를 얻기 위해 무언가를 견뎌내야 할 때, 막막함을 무릅쓰고 홀로 침잠해야 할 때, 우리는 숨 한가득 마음속에 채워놓고서 새벽의 적막 속으로, 저마다의 바다를 향해, 오늘도 발을 내딛습니다. 빛은 아직 저 너머에 있지만 한 걸음 한 걸음 숨비며 나아갑니다.

다시 아침이고, 다시 시작이에요.

**"지픈 디 숨비당 나오민 숨비소리가 절로 나와마씀."**

깊은 데 잠수하다 나오면 숨비소리가 저절로 나와요.

하던 일을 잠시 멈추고
'숨 고르기'를 해볼까요.

공들여 내리는 커피나 차,
몸과 마음을 이완시키는 향기,
혹은 자연의 소리,
무엇이든 좋아요.

매일의 몫을 다하느라,
타인의 이야기를 듣느라,
마음속에 꾹꾹
눌러 담은
속마음이 있다면,

숨비소리 내뱉듯
이곳에 적어보시길요.

정말 수고 많았어

씨앗이 싹트는 적당한 시기는 언제일까요? 발아하기 알맞은 환경을 만날 때겠지요. 빛과 온도, 수분 같은 최적의 발아 조건은 식물마다 다를뿐더러, 동일한 종자라 해도 자리잡은 토양의 조건에 따라 발아 시기가 달라져요. 이렇게 때가 오기까지 발아하지 않는 것을 '종자의 휴면'이라 부른다는군요. 씨앗은 휴면 상태로 수일에서 수개월을, 심지어 수십 년을 기다리기도 한답니다. '아라홍련'이라 이름 지어진 연꽃 씨앗은 어느 유적지에서 발굴되어 무려 700여 년 만에 발아했다지요. 시간의 거친 손길에 훼손되지 않도록 씨를 지킨 단단한 껍질과, 씨앗을 발견하고 그 씨앗이 움터 꽃대가 오르기까지 세심하게 돌보았을 이들의 손길 그리고 오랜 시간 죽지 않고 버텨온 씨앗. 이 모든 애씀 덕분에 우리는 매해 여름이면 고려 시대 전통 탱화 속 연꽃을 눈으로 직접 볼 수 있게 되었어요. 시간을 견뎌온 씨앗이 마침내 만개하는 걸 볼 때면 가슴이 뻐근하게 벅차오르고요. 그간 고생 많았다는 말이 절로 나옵니다.

어떤 일에 대한 수고로움과 고마움을 표현하고 싶을 때 제주에서는 이렇게 인사한답니다. "폭삭 속앗수다!아주 많이 수고했어요!" 제주어 '속다'는 표준어와는 다르게 '수고하다, 애쓰다, 고생하다'를 뜻합니다.

우리의 소망을 싹틔울 적당한 시기는 언제일까요. 각기 다른 무언가를 간절하게 기다리지만, 그런 바람들이 이뤄지는 때는 저마다 다릅니다. 게다가 식물의 씨앗처럼 어떤 소망은 자발적으로, 어떤 소망은 외적 조건이 맞지 않아 강제로 휴면 상태에 들어가기도 합니다. 소소한 노력으로 금세 이뤄지는 소망도 있는가 하면, 어떤 소망은 당장 발아를 위한 첫걸음을 떼고 싶어도 마음에 오래도록 묻어두어야 하는 것이지요. 하지만 소망을 씨앗처럼 품고 사는 건 마음 깊이 봄을 품고 사는 것 같아요. 아무 일도 벌어지지 않는 나날도 이미 소중합니다.

소망이 피어나는 날, 그날은 오고야 말 거예요. 씨앗을 지키는 일을 멈추지 않는다면요. 오늘 우리에게 주어진 일상을 성실히 살아간다면요. 마침내 마음속의 소망이 자그마한 싹을 틔운다면 스스로에게 들려주세요.

**"폭삭 속앗수다."**

정말 수고 많았어.

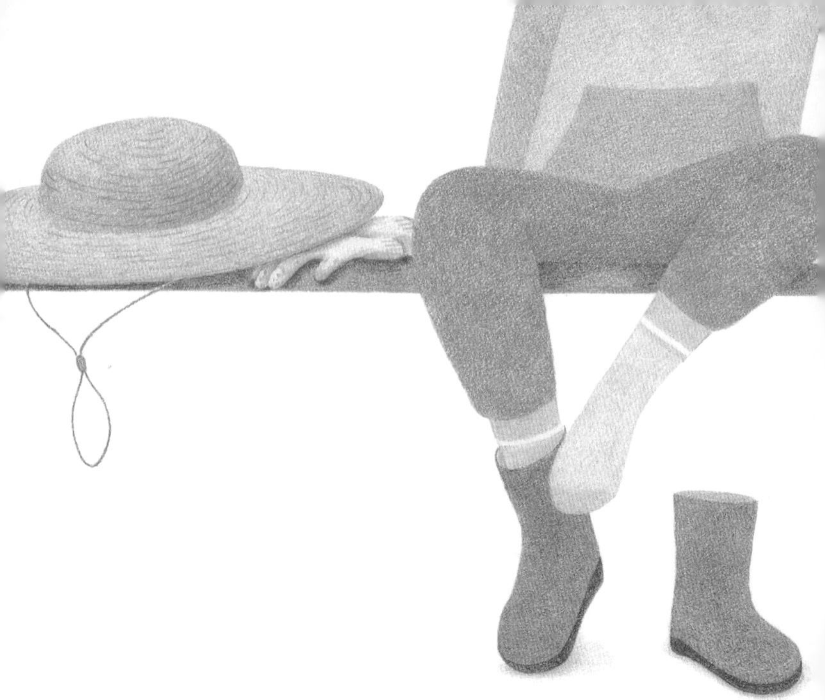

오래 지닌 소망, 최근에 가진 새 소망… 나의 마음에 씨앗처럼 묻어둔 소망을 적어볼까요. 소망을 지키는 일은 생각보다 어렵지 않아요. 잊지 않고 되새기며, 지금 당장 할 수 있는 일들을 떠올려보는 거예요. 이미 이룬 소망이 있다면, 자신에게 수고했다고 작은 선물을 마련해주는 것도 다음 소망을 지키는 힘이 된답니다.

바다 건너 제주의 마음이 전부 도착했습니다.

이 책을 읽어준 나에게도 말해주세요.

**“폭삭 속앗수다!”**

# 찾아가기

제주의 말과 함께한

30가지 제안을 여기 모아봤어요.

이 작은 제안들이

언제든 나를 제주로 데려다줄 거예요.

25쪽 우리 마음에도 바롱바롱 고망 내는 방법을 고민해봐요. 사소하고 간단한 것도 좋습니다. 잠시라도 답답한 가슴을 틔워주기만 한다면요.

31쪽 유난히 파도가 거친 시기라면 떠밀려 가지 않도록 잘 짜인 하루 속에 자신을 놓아보는 건 어떨까요? 오늘을 잘 보내고 내일을 잘 맞이할 수 있도록 나만의 고유한 리추얼을 만들어보세요.

36쪽 최근 몇 년간 이맘때 나의 주요 행적을 살펴볼까요. 클라우드, SNS, 다이어리 등 나의 기록 보관소를 열어보세요. 빈 지도를 크게 그린다 생각하고 내가 머물렀던 곳을 날짜와 함께 표시해보는 거예요.

41쪽 차마 놓지 못한 걱정 또는 마음을 사납게 옭킨 불안으로 일이 손에 잡히지 않을 때가 있지요. 습관적인 걱정과 불안은, 떠오를 때마다 의식적으로 밀쳐두는 연습이 필요해요. 집중력을 흩트리는 것들을 여기에 적어보면 어떨까요. 모두 후련하게 내버리는 마음으로요!

49쪽 어린 시절의 사진들을 골라 오늘의 나와 나란히 남겨볼까요. 스스로에게 꼭 들려주고 싶은 메시지를 함께 기록해두어도 좋겠어요.

55쪽 나에게서 뜻밖의 새로운 모습을 발견한 적이 있나요. 그 모습에 나는 어떤 기분이 들었는지 기록으로 남겨보세요.

60쪽 하루빨리 취하려는 간절함보다 매일 작지만 꾸준하게 지속하려는 마음가짐이 더욱 값진 성취를 줄지도 몰라요. 균형이 무너졌다면 몸 혹은 마음에 맞춰 단기 목표와 일과를 재조정해보세요. 새로운 일과에 적응하는 동안 몸 일기와 마음 일기를 기록해보는 것도 추천합니다.

67쪽 혼자가 아닌 누군가와 함께하여 좋았던 순간이 있나요. 떠올리는 것만으로도 미소 짓게 하는 그 장면을 기록으로 간직해보세요.

73쪽 에너지를 충전하는 장소도 방법도 가지각색이지요. 마음이 유독 지친 날에 나는 어디에서 어떤 방법으로 재충전을 하나요?

81쪽 나를 하영 웃게 하는 것들을 이곳에 모아볼까요. 그것이 나 자신이라도 좋아요. 사진이나 추억 속 하영 웃는 나의 모습들을 여기 담아보는 거예요.

85쪽 사랑하는 사람들을 집으로 초대하여 정성껏 차린 음식과 함께 시간을 보내면 어떨까요. 그들과 나눈 아도록한 순간을 사진이나 문장으로 이곳에 간직해도 좋겠어요.

91쪽 바깥세상만이 아니라 내면의 소요와 소음에서도 잠시나마 벗어날 수 있다면 좋겠지요. 마음이 어지럽고 소란스러울 때, 고요와 평온을 되찾는 나만의 방법을 고민해볼까요.

98쪽 오늘은 다양한 식재료가 필요한 요리에 손수 도전해보면 어떨까요. 재료의 맛과 향을 낱낱이 경험해보고, 어떻게 어우러지는지 온전히 느껴보는 거예요. 감각어들을 모아 기록을 상세하게 남겨봅시다.

104쪽 취향을 발견할 때 타인의 추천이 아니라 우연에 기대보는 것도 신선한 즐거움을 줄지 몰라요. 그런 우연한 발견에서 봉근 기쁨을 기록으로 남겨보면 어떨까요.

110쪽 혹시 습관적으로 내뱉게 되는 부정의 말들이 있나요. 그 말들에 단호하게 맞설 수 있는 긍정의 말들을 한데 모아보세요.

117쪽 악기 연주, 그림, 운동, 베이킹… 여러 핑계로 미루었던 '배움'에 도전해볼까요. 마음에 맞는 이들과 함께 배우면 더할 나위 없겠지만, 모두에게 열려 있는 소모임을 찾아보는 것도 방법입니다.

123쪽 오늘은 친구에게 안녕을 물어볼까요. 이제는 기억 속에만 남은 가근한 친구가 있다면, 전하지 못할 편지를 이곳에 남겨보세요.

130쪽 산책길에서 유난히 눈을 사로잡는 풍광이 있다면 짧은 영상이나 사진 속에 담아놓고 어떤 점이 마음을 끌었는지 기록으로 남겨두세요.

136쪽 첫 감동이 바랠까 봐 아껴 듣는 노래, 누구와도 마주치고 싶지 않은 나만의 아지트, 내 마음이 밑줄 쳐진 바람에 아무에게도 빌려줄 수 없는 책, 나만 알고 싶은 인생 영화…. 그런 비밀들을 이곳에 숨겨볼까요?

142쪽 우리 주위에는 삶의 다양한 현장에서 묵묵하게 살아오신 분들이 계시지요. 인생의 큰언니로 모시고 싶은, 멋진 할망들의 이야기를 더 찾아볼까요. 내가 생활인으로서 품고 있는 질문의 답을 이야기 속에서 구해보세요.

149쪽 아무와도 연결되지 않는 자유를 누려보면 어떨까요. 휴대폰은 과감히 집에 놔두고서 다이어리 하나 들고 반나절 여행을 떠나보는 거예요.

154쪽 마음을 죄어놓는 일들에서 벗어나 '쉬는 시간'을 가져볼까요. 계절감을 살려 다이어리나 책상을 새로이 꾸며봐도 좋겠고요. 눈에 안 띄는 방구석 어딘가에 귀여운 낙서를 남겨두면 미래의 내가 우연히 발견하여 유쾌해질 수도 있겠네요. 혹은 마음을 비우기 위해 백지를 낙서로 채워보는 거예요.

160쪽 오늘은 내게 잘하고 있다는 응원과, 그간 내가 해낸 것에 대한 칭찬을 스스로에게 들려줄까요? 혹여 다른 이들에게 걱정을 끼칠까 차마 꺼내지 못한 말도 적어보고요. 이야기의 끝에는, '그럼에도 나는 나 자신을 믿는다'는 지지의 메시지도 꼭 남겨주세요.

167쪽 사소한 말과 행동에도 마음이 따스해졌던 경험을 떠올려볼까요. 그런 다정한 순간을 오래 기억할 수 있도록 기록으로 남겨봅시다.

176쪽 마음이 지나치게 한쪽으로 쏠려 있진 않은지, 마음 한 귀퉁이가 닳고 있진 않은지 두루 살피며 지내면 좋겠어요. 감정 일기를 꾸준히 쓰면 도움이 될 거예요. 그리고 어떤 감정의 단어가 유난히 많이 등장하는지 살펴보세요.

183쪽 언젠가 나를 버티게 해주었거나 지금의 나를 지탱하는 말들을 적어보세요.

187쪽 주위를 둘러보면 우리를 기분 좋게 만들어주는 것들이 다행히도 참 많지요. 오늘은 내 마음을 순하게 만들어주는 것들을 찾아볼까요.

194쪽 지금 어떤 절기를 앞두고 있나요. 다가오는 절기를 핑계 삼아 제철 음식으로 몸을 보양하면서 그 절기가 품고 있는 옛 지혜를 찾아보면 어떨까요.

201쪽 하던 일을 잠시 멈추고 '숨 고르기'를 해볼까요. 매일의 몫을 다하느라, 타인의 이야기를 듣느라, 마음속에 꾹꾹 눌러 담은 속마음이 있다면, 숨비소리 내뱉듯 이곳에 적어보시길요.

207쪽 오래 지닌 소망, 최근에 가진 새 소망… 나의 마음에 씨앗처럼 묻어둔 소망을 적어볼까요. 소망을 지키는 일은 생각보다 어렵지 않아요. 잊지 않고 되새기며, 지금 당장 할 수 있는 일들을 떠올려보는 거예요.

# 저자 소개

**글 공유영**

제주에서 나고, 자랐습니다.

경기도에서 중등 영어 교사로, 어학당에서 한국어 강사로 일했습니다만,

실은 배우는 일을 더 좋아합니다. 매일의 목표는 일상의 무탈한 반복.

무엇보다 읽고 쓰며 몽상하는 시간을 귀히 여깁니다.

**그림 공인영**

두 아이의 엄마이자 일러스트레이터로 활동하고 있습니다.

제주를 떠올리며 작은 소품들을 만들고

마음에 담긴 풍경이 손끝으로 흘러나와

종이에 담기는 시간을 좋아합니다.

**Editor's letter**

하고 있는 것을 다 놓아버리고, 훌쩍 떠나고플 때가 있습니다. 몸과 마음이 바빠서 시간이 어떻게 흘러가는지 모르는 때. 그럴 때 이 책을 써보세요. 제주의 봄처럼 따뜻하지만, 바다처럼 강인한 말들을 입안에 넣고 살살 굴려 말해보는 거예요. 나를 위한 주문처럼요. **현**

자기만의 방 에디터들은 처음 원고를 받을 때 유영 작가님의 글과 인영 작가님의 그림을 매주 연재하듯 조금씩 나누어 받아보았답니다. 우당탕탕 바쁘게 회의하고 일하다가도 두 작가님의 글과 그림이 딱 들어오면 그때부터 그곳은 더이상 연남동 사무실이 아니었어요. 바로 제주도가 되었지요. 어떤 날은 조금 쉬어가도 된다는 제주의 다정한 위로를, 어떤 날은 어떻게든 해내야겠다는 제주의 꿋꿋한 태도를 등대 삼아 하루하루 작은 노를 젓듯 책을 만들고 있습니다. 이 신기한 텔레포트의 감각을, 주민님들께도 꼭 전하고 싶습니다. 그리고 궁금합니다. 오늘의 주민님께 가장 와닿은 제주의 말은 무엇인가요? 어떤 말이 가장 필요하나요? **령**


## 제주의 말

**1판 1쇄 발행일** 2023년 12월 4일

**지은이** 공유영, 공인영
**발행인** 김학원
**발행처** (주)휴머니스트출판그룹
**출판등록** 제313-2007-000007호(2007년 1월 5일)
**주소** (03991) 서울시 마포구 동교로23길 76(연남동)
**전화** 02-335-4422 **팩스** 02-334-3427
**저자 · 독자 서비스** humanist@humanistbooks.com
**홈페이지** www.humanistbooks.com
**시리즈 인스타그램** instagram.com/_jabang
**디자인** 디자인 이프 **용지** 화인페이퍼 **인쇄** 삼조인쇄 **제본** 다인바인텍

**자기만의 방**은 (주)휴머니스트출판그룹의 지식실용 브랜드입니다.





**ISBN** ISBN 979-11-7087-077-7 (03700)